…ULTÉ DE DROIT DE L'UNIVERSITÉ DE PARIS

DES

…OITS DU VENDEUR
…EFFETS MOBILIERS
NON PAYÉ

THÈSE POUR LE DOCTORAT

L'ACTE PUBLIC SUR LES MATIÈRES CI-APRÈS

sera soutenu le vendredi 26 mai 1899, à 8 heures 1/2.

PAR

PAUL BOSSERT

Avocat à la Cour d'Appel

Président : M. LYON-CAEN, *professeur.*

Suffragants { MM. CHAVEGRIN, *professeur.*
LE POITTEVIN, *professeur.*

PARIS

LIBRAIRIE DE LA SOCIÉTÉ DU RECUEIL GÉNÉRAL DES LOIS ET DES ARRÊTS

ET DU JOURNAL DU PALAIS

Ancienne Maison L. LAROSE et FORCEL

22, rue Soufflot, 22

L. LAROSE, Directeur de la Librairie

1899

THÈSE

POUR

LE DOCTORAT

La Faculté n'entend donner aucune approbation ni improbation aux opinions émises dans les thèses ; ces opinions doivent être considérées comme propres à leurs auteurs.

FACULTÉ DE DROIT DE L'UNIVERSITÉ DE PARIS

DES
DROITS DU VENDEUR D'EFFETS MOBILIERS NON PAYÉ

THÈSE POUR LE DOCTORAT

L'ACTE PUBLIC SUR LES MATIÈRES CI-APRÈS

sera soutenu le vendredi 26 mai 1899, à 8 heures 1/2.

PAR

PAUL BOSSERT

Avocat à la Cour d'Appel

Président : M. LYON-CAEN, *professeur*.

Suffragants : MM. CHAVEGRIN, *professeur*.
LE POITTEVIN, *professeur*.

PARIS

LIBRAIRIE DE LA SOCIÉTÉ DU RECUEIL GÉNÉRAL DES LOIS ET DES ARRÊTS

ET DU JOURNAL DU PALAIS

Ancienne Maison L. LAROSE et FORCEL

22, rue Soufflot, 22

L. LAROSE, Directeur de la Librairie

1899

INTRODUCTION

La vente est de tous les contrats le plus universel et le plus usité. Envisagez les relations que les hommes peuvent avoir entre eux, la vente se présente à vous comme indispensable, comme étant l'accompagnement nécessaire et obligé d'une civilisation même peu avancée. De tous temps, l'homme a dû se procurer des choses dont il avait besoin. Comment le faisait-il ? En donnant comme équivalent des objets qui lui étaient moins utiles. Ce mode de procéder avait ses inconvénients résultant de la difficulté qu'éprouvaient les parties à s'offrir des choses à leur convenance respective. Aussi, eût-on l'idée d'une marchandise commune, la monnaie, ayant une valeur fixe et égale pour tous, qui serait le prix de la chose vendue et remplacerait dans l'opération l'objet qui autrefois était donné en échange. Cet échange perfectionné: c'était la vente (1).

Cette importance de la vente nous explique pourquoi on la voit réglementée dans toutes les législations et dès l'origine de ces législations. Sans doute, elle n'a pas acquis tout d'abord son complet développement juridique, le droit se transforme et renaît sans cesse et la vente,

1. L. 1, D. XVIII, T. I.

comme toutes les institutions, s'est modifiée et a passé par des phases diverses.

Nous n'étudierons pas ici toutes les questions si variées qui peuvent se présenter à l'occasion de ce contrat. Notre sujet est plus limité. Le vendeur a livré et l'acheteur ne veut pas le payer ou bien encore, ce même vendeur, plus prudent, a conservé la possession de sa chose, mais il ne peut en obtenir le prix. Le vendeur est en danger de perdre à la fois la chose et le prix, puisque, s'il n'a pas livré, il sera obligé de le faire sur la demande de l'acheteur. Va-t-on le laisser sans aucune protection ? Quelles garanties accorder à ce vendeur non payé ? La question se trouve posée et résolue plus ou moins bien par les diverses législations. Nous n'envisagerons ici qu'un seul aspect de ce vaste sujet. Nous nous occuperons des garanties que notre droit actuel accorde au vendeur d'effets mobiliers non payé.

L'étude de la question sera divisée en trois parties. Dans une première partie, nous ferons, aussi rapidement que possible, l'historique du sujet. Cela nous paraît indispensable pour bien comprendre l'état actuel de notre législation. C'est par une série de transformations successives que les règles du Code civil concernant les garanties accordées au vendeur non payé sont devenues ce qu'elles sont actuellement ; pour bien se rendre compte de l'esprit de ces règles, de leur raison d'être, il faut les suivre dès leurs origines, les connaître dans les diverses phases qu'elles ont parcourues avant d'atteindre leur développement final. C'est ainsi, pour prendre un exemple, qu'il faut remonter au droit romain si l'on veut expliquer pourquoi la loi accorde au vendeur au comptant la revendication qu'elle refuse au vendeur à crédit.

La deuxième partie de cette thèse sera consacrée à l'examen même des droits du vendeur non payé, tels que les détermine le Code civil. Dans la troisième partie, nous examinerons la situation particulière qui est faite au vendeur au cas de faillite ou de liquidation judiciaire de l'acheteur. Il y a là un ensemble de très importantes règles posées par le Code de commerce modifié par la loi de 1838, règles qu'il est impossible de laisser de côté si l'on veut avoir une idée complète de la question.

PREMIÈRE PARTIE

HISTORIQUE

Faire l'historique de la question, c'est étudier sur le point qui nous occupe, non seulement l'ancien droit français, mais aussi le droit romain. Le droit romain est la base de notre législation ; la coutume s'en est imprégnée. Si elle a été quelquefois rebelle à ses principes, si elle possède des institutions qui lui sont propres, qu'elle a pour ainsi dire créés de toutes pièces, elle s'est pourtant, sur bien des points, modifiée sous l'influence des textes romains. Négliger ces textes dans une étude historique, ce serait ne pas être complet. Nous verrons, en premier lieu, comment Rome protégeait le vendeur d'effets mobiliers non payé. Nous passerons ensuite, à l'examen de notre ancien droit français.

CHAPITRE PREMIER

DES GARANTIES ACCORDÉES PAR LE DROIT ROMAIN AU VENDEUR D'EFFETS MOBILIERS NON PAYÉ

Il faut, pour se rendre compte des garanties accordées à Rome au vendeur de meubles non payé, faire une distinction qui domine toute la matière entre la vente sans terme et la vente à terme.

Le vendeur n'a pas accordé de terme à son acheteur. S'il ne s'est pas dessaisi, il aura le droit de retenir la chose tant qu'il n'aura pas été payé. C'est le droit de rétention. On suppose, en effet, que le vendeur n'a entendu se dessaisir que contre paiement. Il y a là une convention tacite qui sert de base au droit de rétention. « *Venditor enim. quasi pignus, retinere potest eam rem quam vendidit* » (L. 13, § 8, D. XIX, T. I).

Mais là, ne se bornent pas les droits du vendeur. La loi romaine protège aussi celui qui a fait tradition avant d'être payé et elle le protège très efficacement. Elle lui accorde l'action en revendication. Cette action en revendication possède à Rome son véritable caractère qui est d'être la sanction du droit de propriété, caractère, on le verra plus tard, qu'elle a perdu de nos jours. Et, en effet, dans notre droit moderne, la vente est translative de propriété et, par le seul fait de la vente, si du moins l'objet du contrat est un corps certain, l'acheteur devient toujours propriétaire. Si l'on accorde la revendication au vendeur, ce n'est certes pas à titre de propriétaire. Le droit romain consacrait d'autres principes qui peuvent se ramener aux deux propositions suivantes :

1° La vente est non pas translative de propriété, mais seulement productive d'obligations. « *Traditionibus et usucapionibus, non nudis pactis, dominia rerum transferuntur* ». C'est là un de ces principes qui dominent toute la législation romaine et contribuent à former son originalité. Chez nous, on peut dire au contraire que « *nudis pactis dominia transferuntur* ».

2° Quand la tradition nécessaire pour la translation de la propriété est intervenue en exécution de la vente qui avait seulement engendré à la charge du vendeur l'obligation de faire avoir la chose à l'acheteur, quand cette tradition est intervenue, l'acheteur n'est pas toujours propriétaire. S'il s'agit d'une vente au comptant, on présume que le vendeur, en faisant tradition, n'a entendu se dessaisir de la propriété que moyennant paiement. L'effet de la tradition est subordonné à une condition tacite, le paiement du prix. « *Venditae vero res et traditae non aliter emptori adquiruntur quam si is venditori pretium solverit* » (§ 41, Inst. Just., L. II, T. I).

De ces deux propositions consacrées par le droit romain découle tout naturellement le droit de revendication. Le vendeur au comptant restant propriétaire, malgré la tradition, tant que le prix ne lui a pas été payé, on est conduit à lui donner l'action attachée au droit de propriété. La revendication romaine se présente à nous comme une application des principes. Cette garantie donnée au vendeur non payé lui appartient, à Rome, bien plus en qualité de propriétaire qu'à titre de vendeur. C'est ce qui la distingue à nos yeux de la revendication moderne.

Mais il ne faut pas oublier que le revendiquant est toujours un vendeur et, comme tel, lié personnellement envers l'acheteur ; s'il reprend sa chose par l'action en revendication, il n'en est pas moins tenu de la restituer à l'acheteur au cas où celui-ci offrirait de payer le prix. La revendication n'équivaut donc pas à une résolution du contrat et ne permet pas au vendeur de recouvrer sa complète liberté d'action.

Ajoutons, pour être complet, qu'à l'époque classique, s'il s'agissait d'une *res mancipi* pour le transfert de laquelle était exigée la mancipation, le vendeur ne pouvait retenir la propriété jusqu'au paiement du prix. Par la mancipation, l'acheteur affirme un droit actuel sur la chose : « *Hunc ego hominem meum esse aïo ex jure quiritium* ». Il devient donc propriétaire sans aucune condition dès qu'il a prononcé les paroles solennelles, et ceci, que le prix ait été ou non payé. Le vendeur d'une *res mancipi* ayant cessé d'être propriétaire, n'avait donc pas la revendication.

Ainsi en résumé, en droit romain : « Le vendeur au comptant qui a conservé la chose a le droit de rétention, celui qui s'est dessaissi a la revendication à moins qu'il ne s'agisse d'une *res mancipi*. »

Il nous reste à envisager le cas ou le vendeur a accordé un terme à l'acheteur. Sa situation est loin d'être aussi bonne. Ce vendeur non payé n'a pas encore livré; il est obligé de le faire sur la demande de l'acheteur, les textes lui refusent le droit de rétention. De plus, une fois la livraison faite, le vendeur à crédit ne peut, comme le vendeur au comptant, reprendre sa chose au moyen de l'action en revendication dont l'exercice lui est aussi interdit par la loi. Rien de plus logique, que cette solution. Pourquoi le droit de rétention et la revendication sont-ils accordés au vendeur sans terme? C'est sur le fondement d'une convention tacite. Le vendeur n'a entendu se dessaisir de la possession que moyennant paiement ou bien encore il a entendu conserver la propriété tant qu'il ne serait pas complètement désintéressé. Cette interprétation si juste et si équitable de la volonté des parties, on ne peut plus la concevoir quand le vendeur a suivi la foi de l'acheteur en lui accordant un terme. Aussi la loi romaine écarte-t-elle dans ce cas, avec beaucoup de raison, le droit de rétention et la revendication. Il y aurait d'ailleurs les mêmes motifs pour exclure ces deux garanties au cas où l'acheteur aurait fourni une sûreté suffisante à son vendeur, comme un gage, une hypothèque, une caution. Là encore, le vendeur a suivi la foi de l'acheteur, il a renoncé par cela même au bénéfice du droit de rétention ou de la revendication. C'est pour cette raison que nous voyons le Digeste, L. 19, D. XVIII, T. I, lui refuser le droit de se prévaloir de ces deux garanties, et l'assimiler ainsi à celui qui a accordé un terme. De même nous lisons dans les Institutes de Justinien par : 41, L. II, T. I. « *Venditæ vero res et traditæ non aliter emptori adquiruntur, quam si is ven-*

ditori pretium solverit vel alio modo ei satisfecerit veluti expromissore ant pignore dato. »

Le vendeur à crédit se trouve, nous venons de le constater, dans une situation désavantageuse. Pas de droit de rétention, pas de revendication. Ne peut-il pas améliorer sa condition, se couvrir, en quelque sorte, contre le danger qu'il courre de perdre à la fois la chose et le prix? Cela nous amène à parler des conventions qui peuvent intervenir entre les parties, pour procurer au vendeur des avantages autres que les garanties légales. Ces clauses les textes en reconnaissent trois que nous allons rapidement passer en revue.

1° Première clause de garantie. — Les parties peuvent convenir que la tradition ne sera pas translative de propriété ; le vendeur ne livre la chose qu'à titre de précaire, il confère la possession et la jouissance qu'il reste libre de révoquer à son gré : « *Possessionem autem traditam accipere debemus etsi precaria sit possessio. Hoc enim solum spectare debemus an habeat facultatem fructus percipiendi* » (L. 20, D. XLIII, 26). Si l'acheteur ne paie pas, le vendeur peut se faire rendre la chose au moyen de l'interdit *de precario*. Il a aussi la revendication puisqu'il n'a pas cessé d'être propriétaire.

2° Deuxième clause de garantie. — Le vendeur peut encore se réserver une hypothèque sur la chose vendue, et cela, même s'il s'agit d'une vente mobilière. L'hypothèque à Rome peut porter, on le sait, aussi bien sur les meubles que sur les immeubles. Ce procédé de constitution d'hypothèque au profit du vendeur fut peu usité en droit romain.

3° Troisième clause de garantie. — Nous arrivons, avec cette troisième clause, à une convention beaucoup plus répandue que les deux précédentes, et qui était très en pratique à Rome. Cette convention c'est la *Lex commissoria*. Par cette clause, le vendeur se réserve le droit de résoudre le contrat si l'acheteur ne paie pas le prix dans un certain délai. La résolution pour non paiement du prix est aussi inscrite dans nos lois, mais il existe, sur la façon de comprendre cette résolution, des différences profondes entre la législation romaine et le Code civil ; ces différences il est essentiel de les noter si l'on veut avoir une idée exacte des effets de la *lex commissoria*.

A Rome, lorsque les parties voulaient que le contrat fût anéanti au cas de non exécution par l'une d'elles de ses obligations, il leur fallait insérer une clause expresse. Le vendeur voulait-il la résolution du contrat pour le cas de non paiement du prix, une convention spéciale était nécessaire pour arriver à ce résultat. C'était la *lex commissoria*. Le Code civil, mû par un mobile d'équité facile à saisir, a élargi ce qu'avait de trop étroit la résolution romaine. La condition résolutoire, de nos jours, n'a plus besoin d'être expressément stipulée ; elle sera, nous dit l'article 1184, sous-entendue dans les contrats synallagmatiques, pour le cas où l'une des parties ne satisfera pas à son engagement. Aucune stipulation expresse n'est nécessaire pour donner naissance au droit de demander la résolution. Dès que l'une des parties n'aura pas obéi à la loi du contrat, l'autre partie pourra se dégager elle-même et retrouvera de son côté sa liberté. En un mot, la *lex commissoria*, qui, à Rome, devait être expressément convenue, est sous-entendue par le Code civil.

Ce n'est pas là l'unique différence entre la résolution romaine et la résolution moderne. A Rome, comme d'après le Code civil, le vendeur, au cas de non paiement, a le choix entre deux partis. Il peut ou forcer l'acheteur à payer ou bien demander la résolution du contrat (1). Mais, tandis que notre législation permet, comme nous le verrons plus loin, au vendeur qui a exercé l'un des termes de son droit d'option, de revenir sur sa décision, d'agir, par exemple, en résolution alors qu'il avait commencé par réclamer le paiement du prix, le droit romain consacrait d'autres principes. A Rome, le droit d'option était épuisé dès que le vendeur avait manifesté sa volonté de prendre telle ou telle détermination. Les textes nous disent (2) : « *Statim atque commissa lex est, statuere venditorem debere utrum commissoriam velit exercere an potius pretium petere, nec posse si commissoriam elegit, postea variare* ». Ainsi, le vendeur qui choisissait la résolution ne pouvait ensuite réclamer le prix. Supposons un vendeur qui a commencé par poursuivre le paiement du prix, pourra-t-on lui permettre d'agir ensuite en résolution ? Les Romains tranchaient la question dans le sens de la négative. En cela, ils comprenaient mal le fonctionnement

1. Quant à l'action donnée au vendeur, qui invoque la résolution, pour reprendre sa chose, c'était, suivant les uns, l'*actio venditi*, suivant les autres, une action *in factum*. Ce n'est, semble-t-il, que sous Justinien qu'on reconnut que la propriété, au cas de résolution, ferait retour de plein droit à l'aliénateur qui, dès lors, put exercer la revendication (Voir Girard, *Droit romain*, p. 702 et suiv.).

2. L. 4, § 2, D. XVIII, Tit. 3.

de la résolution, qui, ainsi entendue, ne jouait plus le rôle d'une garantie accordée au vendeur non payé.

Nous avons terminé l'exposé de l'état du droit romain, en ce qui concerne les garanties accordées au vendeur non payé. Nous n'avons pas étudié le sujet dans tous les développements qu'il comporte ; c'est un résumé succinct que nous en avons présenté, résumé que nous pensons assez complet pour donner une idée des principes essentiels consacrés par les textes romains. Lorsque nous aborderons l'examen du Code civil, nous aurons, d'ailleurs, l'occasion de revenir sur certains points que, volontairement, nous avons laissés de côté, préférant les rappeler au fur et à mesure que l'exigera l'explication des textes du Code.

CHAPITRE II

DES GARANTIES ACCORDÉES PAR L'ANCIEN DROIT FRANÇAIS AU VENDEUR D'EFFETS MOBILIERS NON PAYÉ

Le vendeur, d'après les coutumes, possède quatre garanties. Nous retrouvons, dans notre législation antérieure au Code civil, le droit de rétention, la revendication, la résolution qui existaient déjà à Rome au profit du vendeur. Le droit de rétention, la revendication n'ont guère changé de caractères en passant dans notre législation ; ils sont restés à peu près tels que les comprenaient les textes latins. La résolution a subi des modifications, que nous aurons à examiner en détails, mais son principe n'est pas créé par la coutume, qui n'a fait que développer sur ce point la législation romaine. Il en est autrement d'une nouvelle garantie, dont l'existence nous est révélée par l'étude des coutumes. Cette garantie, qui est une innovation de notre ancien droit, c'est le privilège. Nous ne trouvons aucune trace du privilège dans les textes latins, et, l'on peut dire que c'est là une de ces institutions, que la coutume a produites elle-même, s'écartant, par exception, de son modèle habituel le droit romain. Nous allons passer en revue les garanties du vendeur, en les envisageant telles que les a comprises notre ancien droit français.

Pour le droit de rétention, nous n'avons qu'à renvoyer à ce que nous avons dit à ce sujet en étudiant le droit romain. En pays de droit écrit, on suivait la législation romaine ; en pays de coutumes, on s'en inspirait comme raison écrite.

Pour ce qui est de la revendication, l'ancien droit a également conservé le système romain. L'article 176 de la coutume réformée de Paris, nous dit : « *Qui vend aucune chose mobilière sans jour et sans terme, espérant être payé promptement, il peut sa chose poursuivre, en quelque lieu qu'elle soit transportée, pour être payé du prix qu'il l'a vendue* ». Cet article est la reproduction de l'article 194 de l'ancienne coutume, rédigée en 1510. On le trouve étudié, vu sa grande importance, dans presque tous les ouvrages de nos anciens auteurs, qui l'expliquaient par l'influence du droit romain. Tous les commentateurs de nos vieilles coutumes s'accordent à dire que la propriété de l'objet aliéné n'a cessé d'appartenir, même après la tradition, au vendeur au comptant (1). Ils reconnaissent à la revendication le même caractère qu'à Rome ; ils y voient la sanction du droit de propriété qui est resté sur la tête du vendeur.

Si nous passons à l'étude de la résolution, nous observons, dans le très ancien droit, la prédominance des principes du droit romain. C'est le pacte commissoire

1. Voir Ferrière, II, art. 176, n° 5 ; Dumoulin, tome II, édition de 1681, p. 696 ; Pothier, Cout. d'Orléans, art. 458, note 1.

exprès. La condition résolutoire tacite n'a pas encore fait son apparition. Les pays de droit écrit restent toujours fidèles à la tradition romaine ; le Nord, au contraire, au fur et à mesure que la coutume se développe, consacre des règles différentes, s'écarte de la doctrine romaine. Il finit par sous-entendre la clause de résolution pour non paiement du prix alors, qu'autrefois, elle devait être expressément stipulée. A côté du pacte commissoire exprès s'introduit le pacte commissoire tacite.

Est-on en présence d'un pacte commissoire exprès, le juge saisi par le vendeur prononcera la résolution. Si, au contraire, il n'y a pas eu de convention entre les parties, l'office du juge est encore plus étendu ; il peut accorder au débiteur un délai pour le paiement. Faute par l'acheteur, d'avoir laissé s'écouler ce délai sans payer, le juge, saisi à nouveau, sera obligé de prononcer la résolution.

Pour terminer ce rapide examen des garanties accordées par l'ancien droit au vendeur d'effets mobiliers non payé, il nous reste à parler du privilège. Le privilège, nous l'avons observé plus haut, est une innovation de l'ancien droit. Il était inconnu à Rome où le vendeur n'avait que la faculté de se faire consentir une hypothèque sur la chose vendue, hypothèque qui n'avait rien de privilégié. Le droit ancien a donc créé le privilège, mais, il ne l'a pas créé en un seul jour. Les institutions se développent peu à peu et, pour être complet, il nous faut examiner, comment, et par quelles séries de déductions, le privilège s'est introduit dans la législation de l'ancienne France. Nous nous placerons successivement dans les pays de droit écrit et dans les pays de coutume.

Droit écrit. — Dans le Midi, la clause de précaire, par laquelle le vendeur convenait que la tradition ne serait pas translative de propriété, devint de style dans les contrats, et, en même temps, elle se transforma. Simon d'Olive (IV, Chap. X, p. 580), nous indique en quoi consiste cette transformation : « *La clause de précaire ne conserve pas au vendeur la propriété, mais, lui acquiert seulement une hypothèque privilégiée* ». Le vendeur d'immeubles a donc un privilège.

Le vendeur d'immeubles a un privilège. Qu'en est-il du vendeur de meubles ? Partant de cette idée que le vendeur pouvait recourir aux garanties conventionnelles, la clause de précaire et l'hypothèque spéciale ; considérant, d'autre part, que les meubles sont « *choses viles* » les pays de droit écrit écartent tout d'abord le privilège du vendeur de meubles. Le Parlement de Toulouse finit pourtant par l'admettre sous l'influence des pays coutumiers.

Pays coutumiers. — Ici c'est la marche inverse qui est suivie. Le privilège commence par apparaître dans les ventes de meubles pour s'introduire ensuite dans les ventes d'immeubles. Nous disons qu'il apparaît d'abord en matière mobilière. On n'en trouve aucune trace dans la première coutume de Paris en 1510 ; mais nous voyons, dans la coutume réformée de 1580, l'art. 177 le consacrer en ces termes. « *Et néanmoins encore qu'il eût donné terme, le vendeur, si la chose se trouve saisie sur le débiteur par un autre créancier, peut empêcher la vente et être préféré sur la chose aux autres créanciers.* » Nos anciens auteurs donnaient en faveur de ce privilège des motifs d'équité. Il était injuste, disait-on, que les créanciers de l'acheteur puissent se payer, à l'exclusion du vendeur, sur le prix d'une chose mise par lui dans le patrimoine de leur débiteur. De plus, ajoutait-on, il y a impossibilité pour le vendeur de se procurer une hypothèque efficace sur la chose vendue : « *Meubles n'ont pas de suite par hypothèque.* » Dès lors pourquoi ne pas remplacer cette hypothèque, inutile pour le créancier, par une garantie plus sérieuse, le privilège ? Ces motifs sont amplement suffisants pour justifier le privilège, mais, remarquons-le, la première raison, invoquée en faveur de la création du privilège, consistant dans la mise d'une chose dans le patrimoine de l'acheteur, pourrait tout aussi bien être mise en avant pour l'admission de cette garantie en matière immobilière. Notre Code civil, plus logique, n'a fait aucune distinction et permet à tout vendeur, quelle que soit la nature du bien, objet du contrat, de se payer par préférence sur le prix.

Le droit ancien fut réfractaire pendant longtemps à l'admission du privilège dans les ventes d'immeubles. Cela se comprend, lorsqu'on se rappelle, qu'avant le Code civil, tout acte authentique emportait de plein droit hypothèque générale sur les biens du débiteur. Il suffisait donc aux parties de faire constater leur opération par acte authentique et le vendeur obtenait du même coup une hypothèque frappant tout le patrimoine de l'acheteur C'était là un énorme avantage qui, pendant bien longtemps, fut suffisant pour faire écarter le privilège en matière immobilière. Mais de même que les pays coutumiers avaient fait introduire dans le Midi le privilège mobilier, par une action réciproque, la jurisprudence des pays de droit écrit fit prévaloir dans le Nord le privilège immobilier qui, après bien des hésitations, fut admis par les divers parlements, celui de Paris entre autres (1).

1. Louët et Brodeau, *op. cit.*, II, litt. P. XIX, 19 ; De Ferrière, Commentaire de la Cout. de Paris sur l'art. 176, II, colonne 1331, n° 33.

DEUXIÈME PARTIE

Des droits du vendeur d'effets mobiliers non payé dans le droit actuel.

Le Code civil reconnaît au vendeur d'effets mobiliers non payé quatre garanties :

Le droit de rétention (articles 1612 et 1613) ;

La revendication (article 2102, n° 4, al. 2) ;

La résolution (articles 1184, 1654, 1655, 1656) ;

Le privilège (article 2102, n° 4).

De ces deux garanties, les deux premières supposent toujours que le vendeur n'a pas accordé de terme à l'acheteur. Lorsqu'il s'agit du privilège ou de la résolution, il n'y a plus à distinguer si la vente est au comptant ou à crédit ; le créancier, dans tous les cas, peut se réclamer de la protection que lui accorde la loi.

Avant d'aborder le fond du sujet, il est utile de mettre en relief deux principes, consacrés par le Code civil, qui sont venus modifier d'une façon notable la situation du vendeur.

Premier principe. — L'art. 2279 pose la règle : « *En fait de meubles possession vaut titre* ». Tandis qu'auparavant le vendeur pouvait poursuivre sa chose, comme nous le dit la coutume de Paris, *en quelque lieu qu'elle soit transportée*, désormais, tout tiers de bonne foi, mis en possession de l'objet vendu par l'acheteur, pourra invoquer l'article 2279 comme une exception péremptoire et repousser le vendeur agissant en revendication ou en résolution.

Pour ce qui est de la résolution, remarquons qu'en droit romain, avant qu'on eut admis le transfert de la propriété *ad tempus*, la situation du vendeur était à peu de choses près, la même que celle du vendeur de meubles dans notre droit actuel. Le vendeur, qui avait opté pour la résolution, ne pouvait pas non plus agir contre les tiers, il n'avait qu'une action personnelle contre l'acheteur. Il en fut autrement lorsque, sous Justinien, on décida que la propriété ferait retour de plein droit à l'aliénateur ; le vendeur, propriétaire, eut la revendication et put alors inquiéter les tiers, quelle que soit la nature du bien vendu. Dans notre ancien droit, on aboutissait aux mêmes conséquences, l'action en résolution était considérée par la plupart des auteurs comme une action mixte, à la fois personnelle et réelle. Pothier explique le caractère de réalité de cette action par ce fait que : « le vendeur, n'ayant aliéné l'héritage qu'aux « charges portées par son contrat, en aliénant l'héritage « il l'a affecté à l'exécution des obligations que l'ache- « teur a contractés envers lui par ce contrat » (1). L'ac-

1. D'après l'explication du célèbre jurisconsulte, il y aurait là quelque chose d'analogue à ce qui existait dans l'ancien droit, en matière de rente. L'immeuble, dit Pothier, *Traité de la vente*, n° 464, est affecté à l'exécution des obligations ; il est donc débiteur du

tion en résolution, étant donné son aspect réel, rejaillit contre les tiers détenteurs ; c'est un principe certain en matière immobilière. En sera-t-il de même lorsque nous serons en présence d'une vente mobilière ? Le vendeur de meubles pourra-t-il, comme conséquence de la résolution, reprendre sa chose entre les mains d'un tiers détenteur ? C'est se demander si l'ancien droit reconnaissait la revendication des meubles. A cet égard, une évolution très intéressante à suivre, mais que nous ne pourrions étudier ici, sans excéder les limites de notre sujet, s'est produite dans l'état de notre vieille législation (1). Les coutumes, tout d'abord fidèles à la tradition germanique, repoussent la revendication des meubles (2). Mais, peu à peu, sous l'influence grandissante du droit romain, d'autres idées se font jour. Les coutumes sont presque toutes muettes sur la revendication des meubles et les auteurs interprètent ce silence des textes en ce sens que le délai de prescription sera non pas le même

prix de vente comme il le serait des arrérages d'une rente. Le droit de résolution se présente comme un droit *sui generis*, personnel dans les rapports du vendeur et de l'acquéreur primitif, puisqu'il tire sa base du contrat, réel en ce sens qu'il porte sur l'immeuble affecté au paiement de la dette et peut le suivre en quelques mains qu'il passe. Il eût été plus simple de dire qu'une fois la résolution prononcée, le vendeur est censé avoir été toujours propriétaire et qu'il reprend sa chose entre les mains des tiers acquéreurs en vertu de son droit de propriété. Cette solution a l'avantage de respecter la distinction entre les droits réels et les droits peronnels en conservant au droit de résolution son caractère de droit personnel.

1. Voir le très remarquable ouvrage de M. Jobbé-Duval, *La revendication des meubles dans l'ancien droit.*

2. Cout. de Bourges, art. 55 (Bourdot de Richebourg, T. III, p. 80) ; Pierre Desfontaines, *Conseils à un amy*, XII, p. 3.

qu'en droit romain, c'est-à-dire de 3 ans, mais le même que pour l'usucapion des immeubles (1). C'était admettre la revendication des meubles et cette revendication possible pendant 30 ans. Tel fut le droit commun dans l'ancienne France. Mais à côté de ce droit commun nous pourrions signaler quelques coutumes qui conservèrent l'usucapion romaine de trois ans (2), d'autres coutumes qui admirent des délais spéciaux (3), enfin la coutume d'Orléans qui resta jusqu'au bout fidèle à la tradition germanique. D'ailleurs, quel que soit le délai admis pour l'usucapion des meubles, le point essentiel à constater pour nous est la consécration par l'ancien droit du principe de la revendication des meubles. La résolution rejaillissait même en matière mobilière, contre les tiers détenteurs. Le Code civil, dans l'article 2279, a réformé sur ce point l'ancien droit. On ne peut pas dire, d'une façon absolue, qu'il ait innové. Déjà au XVIIIe siècle, on s'était aperçu des inconvénients qu'entraînait avec elle la revendication des meubles, principalement des entraves qu'elle apportait au commerce ; la jurisprudence du Châtelet de Paris tendait, peu à peu, à limiter dans ce qu'elle avait de plus choquant cette revendication. Chaque auteur avait édifié son système sur la matière. C'est ainsi que dans Bourjon (4) se trouve écrite en toutes lettres

1. Fontanon sur Masuer, Titre XXII, *Des prescriptions*, p. 324 ; Imbert, *Enchiridion juris scripti Galliæ*, Usucapion, p. 305.

2. Anjou, 419 ; Maine, 434 ; Melun, 169.

3. Coutume ancienne de Bretagne, 274, délai de cinq ans ; Coutume nouvelle de Bretagne, art. 284, délai de dix ans ; Coutume de Berry, dix ans, *Des prescriptions*, 1 et 10.

4. *Droit commun dans la France*, I, 1094.

la maxime : « *En fait de meubles possession vaut titre.* ». Les rédacteurs du Code se sont inspirés de ces divers documents pour l'élaboration de l'article 2279. Sous l'empire de notre législation, le vendeur qui n'a pas accordé de terme à l'acheteur et qui veut revendiquer, ne pourra pas, contrairement à ce qu'admettait l'ancien droit, agir contre les tiers détenteurs de bonne foi. De même, celui qui, non payé, veut obtenir la résolution du contrat ne pourra reprendre sa chose entre les mains d'un tiers en situation de se prévaloir de l'article 2279.

Deuxième principe. — La vente de nos jours, dans le cas où elle a pour objet un corps certain, est translative de propriété. L'article 1138 nous dit : « *L'obligation de livrer est parfaite par le seul consentement des parties contractantes. Elle rend le créancier propriétaire..... dès l'instant où elle a dû être livrée* ». Entendez cette partie finale du texte : « dès l'instant où la tradition a été due, c'est-à-dire, dès le jour du contrat ». Cet article 1138, duquel il résulte que les contrats, engendrant l'obligation de livrer, ne sont plus seulement productifs d'obligations, mais encore translatifs de propriété, cet article aurait suffi pour que l'on puisse considérer l'acheteur comme propriétaire, par le seul fait de la vente. Mais, ce que la loi a posé, dans ce texte, comme un principe général, elle a jugé utile de le rappeler au siège de notre matière dans l'article 1583. Ainsi, pour la vente, le principe du transfert de la propriété dès la conclusion du contrat, pourvu toujours, comme nous le disions plus haut, qu'il s'agisse d'une vente

1. Voir à ce sujet ce que nous avons dit dans notre partie historique.

de corps certain, est doublement consacré par nos lois. Chez les Romains, la tradition était nécessaire pour rendre l'acheteur propriétaire. L'ancien droit exigeait la saisine qui, dans nos coutumes, jouait le rôle de la tradition romaine. Mais, il ne faut pas négliger ici une différence qui existait entre ces deux institutions, car cette différence nous amènera peu à peu à l'idée nouvelle de la propriété transférée directement par la convention. La tradition était une remise *effective* de la possession entre les mains de l'acheteur, l'ensaisinement n'est en réalité, pour employer l'expression de M. Viollet, *qu'une fiction de remise de possession*. Dans la plupart des coutumes (notamment dans le Centre et dans le Midi), il résultait d'une simple clause de dessaisine-saisine, que l'on finit même par sous-entendre ; dans d'autres, il consistait en l'accomplissement d'actes symboliques. La transmission de la propriété ainsi comprise par nos coutumes, nous sommes autorisés à conclure que, si, en théorie, l'acheteur ne devenait pas propriétaire aussitôt le contrat conclu, en fait, l'ancienne règle du droit romain : « *non nudis pactis dominia transferuntur* », n'existait plus que de nom. Le Code civil, dans les articles 1138 et 1583, n'a fait que consacrer législativement, ce qu'admettait déjà la pratique coutumière.

Sous le bénéfice de ces observations générales, qui nous ont paru utiles à faire car, nous aurons, constamment, dans la suite, à les mettre en application ; nous allons aborder l'objet même de notre thèse : « l'examen des diverses garanties accordées par le Code civil, au vendeur d'effets mobiliers non payé ». Cette étude se divise tout naturellement en quatre chapitres, consacrés chacun à l'analyse de l'une des garanties du vendeur.

Chapitre premier. — Le droit de rétention.

Chapitre deuxième. — La revendication.

Chapitre troisième. — La résolution.

Chapitre quatrième. — Le privilège.

CHAPITRE PREMIER

LE DROIT DE RÉTENTION

Le droit de rétention peut être défini : « La faculté qu'a le vendeur de conserver par devers lui la chose tant que l'acheteur n'a pas payé le prix ». Il a sa base dans ce principe d'équité que l'une des parties ne peut être tenue d'exécuter son obligation que si l'autre, de son côté, lui donne satisfaction. On suppose qu'il a été décidé entre l'acheteur et le vendeur, que ce dernier pourrait garder la chose jusqu'à complet paiement du prix. Le droit de rétention se trouve ainsi avoir son fondement dans une convention tacite basée sur l'équité.

Nous n'avons pas à étudier ici la théorie générale du droit de rétention. Notre législation, n'ayant pas posé de principes généraux, s'étant bornée à des applications de ce droit dans des hypothèses déterminées, on s'est demandé s'il fallait accorder le droit de rétention en dehors des cas prévus par le Code, ou, au contraire, le limiter à ces mêmes cas. L'étude de cette intéressante question nous ferait sortir des limites que nous nous sommes tracées, car elle ne se pose pas à l'égard du vendeur. L'article 1612 tranche toute difficulté en accordant formellement au vendeur non payé, le droit de conserver sa chose.

Nous étudierons, dans une première section, les caractères du droit de rétention, dans une deuxième section, ses conditions d'existence.

Section I. — Caractères du droit de rétention.

Le droit de rétention est opposable aux tiers.
Le droit de rétention est indivisible.
Le droit de rétention est un droit accessoire.

§ 1. — *Le droit de rétention est opposable aux tiers.*

Ce caractère que nous reconnaissons au droit de rétention d'être opposable aux tiers lui est contesté par un certain nombre d'auteurs (1). Pour ces auteurs, le droit de rétention peut bien être opposé par le créancier à son débiteur, mais non pas aux ayants cause de ce débiteur. Et, en effet, dit-on, décider que le droit de rétention sera opposable aux tiers, c'est créer au profit du rétenteur un véritable privilège. Puisqu'il n'y a pas de privilège sans texte, il faut, pour admettre la réalité du droit de rétention, trouver dans le Code un article reconnaissant for-

1. Voir Laurent, XXIX, n° 292 ; Larombière, *Des obligations*, II, art. 1186, n° 46 ; Troplong, *Du nantissement*, n°s 442, 524 et 552 ; *Privilèges et hypothèques*, I, n° 256.

mellement au rétenteur le droit de conserver sa chose vis-à-vis de tous. Or, il n'y en a pas. Si on ne veut pas violer les principes, on est donc forcé d'admettre que le droit de rétention ne produira d'effets qu'entre le créancier et son débiteur.

Ce raisonnement, dans sa simplicité mathématique, paraît inattaquable et il faudrait s'incliner devant lui, si vraiment il n'y avait pas de textes dans le Code qui reconnaisse la réalité du droit de rétention. Un examen un peu attentif de nos lois, suffira pour nous convaincre, qu'il n'en est pas ainsi. L'article 1948 nous dit : « *Le dépositaire peut retenir le dépôt jusqu'à l'action en paiement de ce qui lui est dû* ». Aucune distinction n'est faite par l'article entre le déposant et ses ayants cause. C'est dire que le dépôt peut être conservé vis-à-vis de tous. On nous objectera sans doute que l'interprétation que nous donnons à l'article 1948 n'est pas très bonne, puisqu'elle est tirée du silence de la loi. Cette objection ne nous embarrasse guère ; le sens de l'article tel que nous le comprenons, n'est pas contestable si l'on se reporte aux travaux préparatoires. « Jusqu'au paiement de ces dépenses et indemnités, a dit Réal (1), le dépôt peut être retenu, car, il est, naturellement et sans le secours d'aucune stipulation, le gage des créances dont il est la cause ». De même, Favart nous dit (2) : « Le dépositaire a même un privilège pour le remboursement de ses frais, puisque, le projet l'autorise à retenir, *quodam jure pignoris*, jusqu'à l'entier paie-

1. Exposé des motifs au Corps législatif, Fenêt. XIV, p. 507.
2. Discours au Corps législatif, Fenêt, XIV, p. 517.

ment de ce qui lui est dû ». On ne peut guère dire plus clairement que le droit de rétention est opposable aux tiers. Assimiler le rétenteur à un créancier gagiste, c'est bien reconnaître la réalité de son droit.

L'article 1948 n'est pas le seul texte qui milite en faveur de notre théorie ; nous possédons, encore dans ce sens, un autre article qui est même bien plus affirmatif C'est l'article 1747 qui dispose en toutes lettres que le preneur expulsé par l'acquéreur a le droit de rétention non seulement contre le bailleur mais même contre le nouvel acquéreur. Cependant aucun lien de droit n'existe entre le preneur et le nouvel acquéreur, qui, dès lors joue bien le rôle de tiers.

Les textes ne manquent pas, on le voit, en faveur de la solution que nous adoptons, solution d'après laquelle le droit de rétention est opposable aux tiers. Si l'on accepte ce point de départ, il est hors de doute que l'on arrive, comme le dit Laurent, à faire du droit de rétention un privilège. Mais, peu importe, puisque, ce privilège, on peut l'asseoir sur des textes. Et d'ailleurs, le droit de rétention, ainsi compris, est-il à proprement parler, un privilège ? Le rétenteur sera préféré aux autres créanciers en ce sens qu'il pourra retenir indéfiniment tant qu'il n'est pas payé, et obliger par suite, les créanciers de son débiteur à le désintéresser s'ils veulent obtenir la chose retenue. Mais là se bornent tous ses pouvoirs. Le droit de vendre le bien et de se payer sur le prix, le vrai droit de préférence, apanage du privilège, n'existe pas au profit du rétenteur. Nulle part le Code ne le lui a accordé, s'écartant d'ailleurs en cela des traditions de l'ancien droit (1). On peut plutôt dire du droit de rétention, tel qu'il est entendu par nos lois, que le vendeur n'en tirera profit qu'à la condition d'user de patience, d'attendre, en conservant le bien, le bon vouloir des créanciers qui voudront le désintéresser, et qui, en pratique, n'y manqueront pas. Le rôle joué par le vendeur sera purement passif, il ne pourra être question pour lui de prendre les devants comme il le ferait avec son privilège.

Pour conclure sur cette importante question, nous ajouterons que, suivre, dans leurs conclusions, les auteurs, que nous combattons, c'est faire du droit de rétention un droit illusoire. Le rétenteur n'a guère besoin du droit de rétention que s'il est en conflit avec d'autres créanciers qui veulent saisir le bien vendu. En ce cas, il a intérêt à ne pas se laisser dépouiller, car, privé de la chose, il n'est plus sûr d'obtenir paiement. Mais, supposons le vendeur seul vis-à-vis de son acheteur. A quoi lui sert le droit de rétention ? Sans doute à être payé plus vite, mais, c'est là un avantage bien mince. Quant au prix, le créancier sera toujours sûr de l'obtenir puisque personne ne viendra le lui disputer. En somme le droit de rétention n'apparaît comme indispensable qu'au cas où le vendeur se trouve en présence d'autres créanciers de l'acheteur ; et c'est alors que le législateur viendrait le supprimer ! Une théorie qui aboutit à de semblables conséquences, doit être repoussée (2).

1. Guy Coquille, *Questions sur les coutumes*, question 198, édition de 1703, II, p. 257.

2. La jurisprudence sur la question est très flottante. En faveur

Nous avons souvent employé, dans le cours de nos explications, l'expression de réalité du droit de rétention pour désigner le caractère que nous reconnaissons à ce droit d'être opposable aux tiers. Nous l'avons employée parce que nous trouvons que c'est une expression commode qui rendait bien la pensée que nous voulions exprimer. Mais ces deux idées, réalité, d'une part, opposabilité aux tiers, d'autre part, ne sont pas aussi intimement liées l'une à l'autre qu'on pourrait le croire sur un examen superficiel. Comme le disent Aubry et Rau (1), un droit n'est pas réel par cela seul qu'il peut, sous certaines conditions, être opposé aux tiers. Sans conclure comme ces auteurs à la personnalité du droit de rétention, nous croyons avec eux que la faculté d'être exercés à l'égard des tiers, n'est pas la seule qualité des droits réels. Tout droit réel emporte avec lui le droit de suite et le droit de préférence, Ces deux apanages de la réalité, il faudrait les retrouver dans le droit de rétention ; seulement alors on pourrait dire de lui que c'est un droit réel. Nous pensons quant à nous que le droit de rétention est un droit *sui generis*. Il se rapproche des droits réels en ce sens qu'il est opposable aux tiers, mais privé du droit de suite et ne comportant qu'un droit de préférence tronqué, il ne peut être classé parmi eux.

de la réalité du droit de rétention, Cass., sect. réunies, 28 pluviôse an XII, D. au mot Douanes, nº 968 ; Lyon, 27 août 1849, D. 50. II. 14. En sens contraire, consulter : Tribunal de Chambéry, 13 juin 1864, S. 65. II. 48 ; Bruxelles, 27 octobre 1819, D. au mot Mandats, nº 261.

1. Aubry et Rau, tome III, § 256 *bis*, note 20.

§ 2. — *Le droit de rétention est indivisible.*

L'indivisibilité du droit de rétention se décompose dans les deux propositions suivantes :

1° Si le vendeur a restitué une partie de la chose et n'a encore rien reçu, il peut retenir le reste jusqu'à complet paiement du prix ;

2° S'il a reçu un paiement partiel, il peut encore conserver toute la chose pour le reliquat de la dette.

Mais, il ne faudrait pas entendre l'indivisibilité en ce sens que, si la même personne a vendu successivement deux objets mobiliers au même acheteur, elle pourra, ayant livré l'un de ces deux objets, retenir l'autre jusqu'à complet paiement des deux prix de vente. Le droit de rétention n'existe qu'en tant qu'il s'agit de la créance pour laquelle il est donné. L'indivisibilité, telle que nous l'avons définie ne s'appliquera que pour le seul prix de vente de l'objet retenu. Nous ne croyons pas d'ailleurs que l'hypothèse que nous avons supposée se soit jamais présentée dans la pratique. Mais, elle pourrait se poser devant les tribunaux, et c'est, à n'en pas douter, dans ce sens là qu'elle devrait être résolue.

§ 3. — *Le droit de rétention est un droit accessoire.*

Le droit de rétention est un droit accessoire lorsqu'on l'envisage dans ses rapports avec la créance qu'il garantit. Du caractère accessoire de ce droit, nous déduirons les deux conséquences suivantes:

1° Le droit de rétention ne peut être cédé indépendamment de la créance à laquelle il est attaché ;

2° La cession de la créance garantie implique la cession du droit de rétention qui appartenait au cédant. C'est une simple application de l'article 1692 d'après lequel, la cession d'une créance comprend les accessoires de la créance.

Section II. — Conditions d'existence du droit de rétention.

Pour que le vendeur puisse exercer son droit de rétention, il faut :

1° Qu'il ait la détention de la chose ;

2° Que la vente soit sans terme.

§ 1. — *Le vendeur doit détenir.*

C'est là une condition essentielle pour l'exercice de son droit, et, qui est impliquée par la dénomination même du droit de rétention. Rétention, cela indique la faculté de conserver la chose entre les mains, tant qu'on n'est pas payé, mais, rien de plus. Si le vendeur a eu l'imprudence de livrer, il perd le bénéfice de la garantie que lui concède l'article 1612, il ne peut plus reprendre la chose, ou du moins, s'il la reprend ce n'est certainement pas en vertu de son droit de rétention, ce sera par l'action en revendication que lui reconnaît l'article 2102 ; une fois le bien rentré dans le patrimoine du vendeur au moyen de cette action, le vendeur pourra alors exercer à nouveau le droit de rétention que la dépossession lui avait fait perdre. Ces deux garanties, le droit de rétention et la revendication se trouvent ainsi se compléter l'une l'autre.

L'exercice du droit de rétention étant subordonné à la possession du vendeur, il importe au plus haut point de savoir quand il y aura délivrance. C'est là plutôt une question de fait. L'article 1604 nous donne une définition de la délivrance. C'est, nous dit-il, *le transport de la chose vendue en la possession et la puissance de l'acheteur.* La loi aurait pu s'en tenir à cette définition qui, comme l'exprime si bien M. Baudry-Lacantinerie, indique le résultat auquel doit conduire la délivrance et, fournit, par conséquent, une pierre de touche permettant au juge de reconnaître dans chaque espèce, si le vendeur a ou non satisfait à son obligation de délivrer. Quoi qu'il en soit, la loi a pensé être plus complète en énumérant certains modes de délivrance ; nous ne la suivrons pas dans cette énumération, nous considérerons le vendeur comme ayant livré et, par suite, perdu son droit de rétention, toutes les fois, qu'il aura placé l'acheteur en possession réelle et effective, ou, même simplement lorsqu'il aura mis la chose à la disposition de cet acheteur, ce qu'il ferait, pour ne donner qu'un exemple emprunté à l'article 1606, en remettant les clefs des bâtiments qui contiennent les meubles.

D'intéressantes applications de la notion de délivrance ont été faites par les tribunaux. C'est ainsi, qu'il a été jugé avec raison selon nous, que, au cas d'une vente de coupe de bois, la prise de possession, par suite, la perte du droit de rétention, pouvait résulter du fait par l'acheteur d'avoir fait transporter sur la voie publique une partie des arbres abattus par le vendeur (1). De même, une jurisprudence constante (2) considère que la livraison peut provenir du seul fait que la marchandise, sans avoir été enlevée, a été comptée et mesurée.

La livraison, en conséquence, la perte du droit de rétention, résulte-t-elle de l'apposition par l'acheteur de sa marque sur les marchandises ? Nous ne le croyons pas. Pour qu'il en soit ainsi, il faudrait, d'après la notion que nous avons donnée de la délivrance, que la marque mette les marchandises à la disposition de l'acheteur ou en sa possession réelle et effective. Or elle n'aboutit à aucun de ces deux résultats. Il est évident que l'acheteur, par le seul fait de la marque, n'a pas la possession réelle des marchandises ; il n'a pas non plus ces mêmes marchandises à sa disposition. Le seul effet de la marque est d'individualiser l'objet vendu. Si l'acheteur veut plus tard obtenir la chose ainsi spécialisée par lui, il devra s'adresser au vendeur et la lui réclamer (3).

Nous admettrons à plus forte raison que la remise ou l'envoi de la facture ne fait pas perdre au vendeur son droit de rétention. La facture produit des effets encore moins énergiques que la marque ; elle n'individualise

1. Cass., 3 janv. 1849, D. 51. II. 103.

2. Cass., 24 fév. 1857, D. 57. I. 65 ; Besançon, 14 décembre 1865, S. 65. II. 127,

3. Voir en notre sens : Lyon-Caen et Renault, *Traité de droit commercial*, III, n° 107 ; Boistel, n° 480 ; Bravard et Demangeat, II, p. 418 et 419 ; Delamarre et Lepoitvin, IV, n° 127.

même pas les marchandises vendues, elle invite seulement l'acheteur à se préparer au paiement.

De ce principe que le droit de rétention suppose la détention de la chose, découle cette conséquence qu'il ne peut être exercé, par le vendeur, au cas d'une vente de chose incorporelle, d'une cession de créances par exemple. Les choses incorporelles ne peuvent, en effet, faire l'objet d'une détention. Et cependant même dans l'hypothèse d'une cession de créances, le vendeur jouit, dans une certaine mesure, des avantages du droit de rétention. Le cédant, non payé, pourra garder entre ses mains le titre de la créance. Mais, ce n'est pas la créance qui est retenue et, cela a son importance ; le débiteur pourra, pourvu toutefois que les formalités de l'article 1690 aient été remplies, se libérer entre les mains du cessionnaire qui est propriétaire de la créance et l'a dans son patrimoine. Le seul inconvénient que le droit de rétention présentera pour le cessionnaire est que, le privant de son titre, il le privera par cela même des facilités d'exécution que pouvait lui procurer ce titre.

§ 2. — *La vente doit être sans terme.*

Cette deuxième condition exigée pour l'exercice du droit de rétention se trouve mentionnée dans l'article 1612. Elle s'explique parfaitement si l'on prend soin de se reporter aux motifs qui ont fait admettre le droit de rétention. Ce droit, avons-nous dit, repose sur une convention tacite aux termes de laquelle le vendeur n'a entendu se dessaisir de sa chose que moyennant paiement. Cette convention ne se conçoit plus lorsque le vendeur a suivi la foi de l'acheteur en lui accordant un terme. En pareil cas, il a consenti à se dessaisir immédiatement, il a renoncé par cela même à se prévaloir de son droit de rétention.

Il va de soi que le terme de grâce accordé par la justice au débiteur malheureux ne priverait pas le vendeur de son droit de rétention. Peut-on dire, qu'en pareil cas, le vendeur a suivi la foi de l'acheteur? Certainement non car ce n'est pas lui qui a accordé le terme de grâce, c'est le magistrat.

L'article 1613 nous dit : « *Il* (le vendeur) *ne sera pas obligé non plus à la délivrance, quand même il aurait accordé un délai pour le paiement, si, depuis la vente, l'acheteur est tombé en faillite ou en déconfiture, en sorte que le vendeur se trouve en danger imminent de perdre le prix, à moins que l'acheteur ne lui donne caution de payer au terme.* » Cet article est une simple application du principe général posé dans l'article 1188 d'après lequel la faillite, rendant les dettes exigibles, fait perdre le bénéfice du terme. Si au cas de faillite le débiteur perd le bénéfice du terme, le vendeur doit recouvrer le droit de rétention dont la perte constituait pour l'acheteur l'un des bénéfices du terme. Puisque nous sommes dans le domaine de l'article 1188, il faut l'appliquer jusqu'au bout et mettre, comme lui, sur la même ligne, le cas de la faillite du débiteur et celui où ce même débiteur a, par son fait, diminué les sûretés qu'il avait fournies par contrat à son créancier.

Dans ces deux hypothèses, l'acheteur perdra le droit de réclamer la délivrance avant le paiement.

Ce n'est pas tout, que de dire que l'article 1613 est une application des principes généraux, il faut encore se demander sa raison d'être ; et, élargissant la question, rechercher pour quels motifs le législateur a reproduit ici les règles contenues dans l'article 1188. Notre texte repose sur une idée d'équité. La faillite rendant les dettes exigibles, si, on avait refusé, en ce cas, de restituer au vendeur son droit de rétention, ce vendeur aurait été dans une situation très désavantageuse. Obligé de livrer immédiatement, il aurait dû subir le concours des autres créanciers et n'aurait été payé qu'en monnaie de faillite. La loi a voulu venir à son secours et l'article 1613 permet au vendeur, en conservant sa chose, d'éviter les conséquences désastreuses, pour lui, de la faillite et d'obtenir le prix convenu. Telles sont bien les considérations qui ont guidé notre législateur dans l'élaboration de ce texte. La preuve en est dans ce fait que la loi refuse au vendeur le droit de rétention lorsque l'acheteur lui a *donné caution de payer au terme*. Ce vendeur est alors suffisamment protégé ; il n'y a plus de bonnes raisons pour lui restituer une garantie qui ne lui était accordée qu'en raison du danger qu'il courait de perdre le prix (1).

1. La loi ne mentionne pas le cas d'un acheteur en liquidation judiciaire. Il faudrait également déclarer cet acheteur à crédit déchu du bénéfice du terme et lui appliquer l'article 1613. C'est, en effet, un principe posé par la loi de 1889 que la faillite et la liquidation judiciaire sont régies par les mêmes règles pour les points sur lesquels cette loi n'a pas statué.

La loi suppose que l'acheteur est tombé en faillite après la vente. Que faudrait-il décider dans le cas où la faillite serait antérieure à la vente ? Aucune difficulté ne peut s'élever dans le cas où le vendeur connaissait, au moment où il a contracté, le fait de la faillite ; il a alors, malgré le mauvais état des affaires du débiteur suivi sa foi. Il doit en subir les conséquences ; il a renoncé à son droit de rétention en connaissance de cause. La question est bien plus délicate si nous supposons que le vendeur quand il a traité ignorait l'état de faillite. Doit-on encore lui refuser le droit de rétention ? Sur cette dernière hypothèse, les avis sont partagés ; deux opinions contraires sont en présence.

Une première opinion, soutenue par M. Laurent, se basant sur la lettre de l'article 1613 refuse au vendeur le droit de rétention. La loi dit «... *si depuis la vente l'acheteur est tombé en faillite* ». Dans notre hypothèse, l'acheteur était en faillite avant la vente. Nous sommes en dehors du cas prévu par le texte. Le vendeur, ajoute-t-on, n'est pas à plaindre, il aurait pu facilement se renseigner sur la situation de l'acheteur. Tant pis pour lui s'il ne l'a pas fait ; qu'il en supporte les conséquences !

Nous pensons que, pour bien interpréter les lois, il ne faut pas s'attacher strictement à la lettre des textes mais aussi en considérer l'esprit. Or, ici pour quels motifs l'article 1613 accorde-t-il au vendeur le droit de rétention au cas de faillite de l'acheteur ? C'est parce que le vendeur est en danger de perdre le prix. Le danger est toujours le même, que la faillite soit survenue postérieurement à la vente ou, au contraire, qu'elle lui soit antérieure. Le motif de la loi subsistant dans un cas comme dans l'autre, il faut, en toute logique, conserver au vendeur son droit de rétention d'une façon absolue. Il est de toute évidence, d'ailleurs, que ce vendeur aurait traité au comptant s'il avait connu la vraie situation de son cocontractant. Bien plus, il n'a renoncé à son droit de rétention en accordant un terme qu'à la condition que l'acheteur mériterait sa confiance, ce qui n'est pas le cas, lorsque cet acheteur était en état de faillite au moment du contrat.

A ces arguments de raison, Duranton ajoute un argument de texte, appliquant par analogie l'article 1276, d'après lequel le créancier peut agir contre le débiteur qu'il a déchargé si le délégué était en état de faillite au moment de la délégation. On peut élever, avec raison, des doutes sur la question de savoir s'il y a lieu d'étendre ce texte à la vente. Aussi, pour admettre le vendeur à exercer son droit de rétention, même au cas d'une faillite antérieure au contrat, nous nous contenterons du premier motif tiré de l'esprit de l'article 1613 que nous avons invoqué à l'appui de notre thèse.

La décision que nous adoptons est d'ailleurs consacrée par la jurisprudence (1).

Tout le monde est d'accord pour reconnaître que le vendeur aura toujours le droit de rétention s'il y a eu dol de la part de l'acheteur pour l'induire en erreur sur sa

1. Pour la jurisprudence sur la question, consulter : Paris, 22 janv. 1856, D. 56. II. 95 et S. 56. II. 287. Pour les auteurs, voir : Laurent, XXIV, n° 171, p. 171 ; Duranton, XVI, n° 204 ; Troplong, I, n° 315 ; Guillouard, I, n° 220.

situation. Suivant les principes du droit commun, c'est au vendeur à prouver le dol.

Nous avons terminé par là l'étude des principes qui régissent, dans notre législation moderne, le droit de rétention. Nous aurons d'ailleurs occasion de revenir sur cette garantie dans la partie commerciale de cet ouvrage. Nous avons même empiété, avec l'examen de l'article 1613, sur cette partie commerciale. Si nous l'avons fait, c'est que ce texte est inscrit dans le Code civil, et que, par suite, son étude, quoique se rattachant plutôt à la situation du vendeur au cas de faillite, nous a paru trouver sa place ici.

CHAPITRE II

LA REVENDICATION

Nous diviserons en deux sections cette étude sur la revendication.

Section I. — De la nature de la revendication et son étude critique.

Section II. — Des conditions d'existence de la revendication.

Section I. — Nature de la revendication et son étude critique.

A Rome, la question était toute résolue, pour mieux dire, elle ne se posait pas. L'acheteur ne devenait propriétaire qu'à la suite de la tradition intervenue en exécution du contrat ; en outre, on admettait que celui qui avait traité au comptant restait propriétaire, malgré la tradition effectuée, jusqu'au paiement du prix. La revendication accordée au vendeur s'expliquait tout naturellement, elle avait sa base dans le droit de propriété resté sur la tête du vendeur. De nos jours, il n'en est plus ainsi, la vente est translative de propriété et par suite, si elle a pour objet un corps certain, l'acheteur est propriétaire dès le jour du contrat ; si elle porte, au contraire, sur une chose de genre, l'acheteur devient propriétaire après l'individualisation, c'est-à-dire, au plus tard, au moment de la tradition. Le vendeur qui a livré a donc de toutes façons, cessé d'être propriétaire. Comment justifier alors le droit de revendication que l'article 2102, § 4, al. 2, consacre au profit du vendeur non payé ? Quelle est la base nouvelle de cette garantie ? C'est ce que nous allons rechercher en examinant successivement les diverses opinions émises sur la question. Trois systèmes sont en présence.

Premier système. — Il est aujourd'hui à peu près abandonné. Troplong l'a soutenu autrefois. D'après cet auteur, l'article 2102, § 4, al. 2, en accordant au vendeur la revendication ferait exception à l'article 1583, d'après lequel la vente transfère toujours la propriété à l'acheteur. Toutes les fois que le vendeur se trouvera dans les conditions requises par l'article 2102, pour exercer la revendication, la vente sera considérée comme résolue de plein droit, la propriété sera censée n'avoir jamais été aliénée, le vendeur agira donc comme propriétaire.

Cette action en revendication est très utile au vendeur et ne fait pas double emploi avec l'action en résolution pour défaut de paiement du prix. Ces actions ont chacune leurs bases différentes. La revendication suppose que l'aliénation n'a pas été consommée ; la résolution nous met en présence d'un contrat parfait dont on poursuit l'anéantissement pour des causes survenues *ex post facto*. De là, nous tirerons les conséquences suivantes :

1° Le revendiquant agira par voie de saisie suivant les termes de l'article 826 du Code de procédure civile. Celui qui demande la résolution ne peut pas procéder d'une façon aussi expéditive ; il lui faut, avant d'agir par les voies d'exécution, s'adresser préalablement au juge pour obtenir la résolution.

2° Le juge, saisi de la demande en résolution, peut accorder au débiteur un délai de grâce. Le revendiquant reprendra toujours immédiatement sa chose. Constatons, en passant, que cette différence entre les deux actions est purement théorique. En matière mobilière, le vendeur, en raison de l'article 2279, est presque toujours en danger de perdre la chose et le prix ; le juge n'aura, pour ainsi dire, jamais l'occasion d'accorder un délai à l'acheteur.

Tel est l'exposé du système de Troplong ; nous avons dit que ce système était actuellement à peu près abandonné. Il prête lieu, en effet, à de sérieuses critiques.

Tout d'abord, il est contraire aux textes. L'article 2102 ne suppose pas que le contrat soit résolu de plein droit le vendeur étant censé avoir toujours conservé la propriété, lorsque les conditions prescrites pour la revendication sont réalisées. La place de ce texte au titre des privilèges et hypothèques, où l'on ne s'occupe que des cas où le contrat est maintenu, proteste contre une pareille interprétation.

En second lieu, l'idée de résolution de plein droit serait contraire aux principes de l'article 1184. Il faut alors, pour l'admettre, une décision du législateur autrement explicite que celle qu'on prétend tirer de l'article 2102.

Enfin, parce que cet article emploie le mot revendication, ce n'est pas une raison pour supposer le vendeur agissant en qualité de propriétaire. Ce texte, lorsqu'il nous parle, dans son § 1er, al. 5 de la revendication du bailleur ne voit, dans cette action, qu'une *vindicatio pignoris*, puisque les objets mobiliers n'appartiennent pas au locateur. Dès lors, comment imaginer que le législateur, à si peu d'intervalles, dans un même article, ait employé le mot revendication dans deux sens différents ! Le vendeur et le bailleur reprennent leur chose pour se remettre en possession, mais n'agissent nullement en qualité de propriétaires.

D'ailleurs, la doctrine de Troplong se condamne elle-même par les résultats illogiques auxquels elle aboutit. Elle fait de l'article 2102, une exception à l'article 1583. C'est inadmissible, car, l'exception, embrassant toutes les ventes au comptant, étouffe littéralement la règle, et on est ainsi amené à renverser le principe posé par le Code dans l'article 1583.

Deuxième système. — Il a été soutenu par Duranton. Cet auteur fait une distinction. La résolution est-elle exercée contre le vendeur? Nous sommes dans le domaine de l'article 1654 qui n'est lui-même qu'une application particulière de l'article 1184. On suit le droit commun. La résolution sera demandée en justice et soumise à la prescription trentenaire. La résolution est-elle, au contraire, exercée contre les créanciers du vendeur ? La loi sous le nom de revendication, l'a réglementée d'une façon spéciale. Elle est soumise à des conditions plus rigoureuses par l'article 2102, § 4, al. 2. Notamment au lieu d'être prescriptible par trente ans, elle devra être exercée dans la huitaine de la livraison.

A l'appui de ce système, on fait remarquer que l'article 2.102 ne peut que régler l'action en résolution. « C'est incontestablement en se fondant sur le principe de l'article 1184, dit Duranton, que les rédacteurs du Code ont donné la revendication au vendeur non payé lorsqu'il a vendu et livré sans accorder de terme à l'acheteur, puisque celui-ci, d'après l'article 1583, était devenu propriétaire de la chose ». Et on ajoute que l'article 2102, placé au siège de la matière des privilèges ne peut que régler les rapports du vendeur avec les créanciers de son co-contractant.

Ce système distinguant deux résolutions : la résolution exercée contre l'acheteur seul (art. 1584), et la résolution exercée contre les créanciers de l'acheteur (article 2102) obéissant à des règles différentes, ce système, disons-nous, ne satisfait pas non plus la raison. Il soulève plusieurs objections que nous allons examiner successivement :

1° Première objection. — L'article 2102 ne s'occupe pas plus de la résolution selon l'article 1184, qu'il ne s'occupe, nous avons essayé de le démontrer en combattant la théorie de Troplong, de la résolution de plein droit. La vérité est qu'il reste absolument étranger à toute idée d'anéantissement du contrat. Le législateur, dans la matière des privilèges où il se propose, par les causes de préférence qu'il accorde au créancier, d'assurer l'exécution des conventions, ne peut avoir organisé un moyen de faire tomber ces mêmes conventions. Si notre article avait voulu réglementer une question de résolution, il avait sa place toute trouvée après l'article 1584.

2° Le système de Duranton consacre des résultats que tout législateur, un peu équitable, ne peut avoir voulu. En effet, il aboutit à ce curieux résultat : « Diminuer les garanties du vendeur justement quand elles lui sont le plus nécessaires ». Le vendeur au comptant, en présence des créanciers de l'acheteur, alors qu'il courre le plus de risques de ne pas être payé, voit son droit de résolution restreint dans des limites très étroites, délai de huitaine. Quant au vendeur à crédit dans la même situation, il perd toute action en résolution. L'article 2102 ne prévoit, en effet, que la vente sans terme. Ce n'est pas tout. Si l'on accepte l'interprétation que nous donne Duranton de l'article 2102, il faut non seulement accuser le législateur d'avoir manqué aux règles les plus élémentaires de l'équité, mais encore, le taxer d'illogisme. Il serait inadmissible que le Code, voulant faire la situation si belle aux créanciers de l'acheteur par l'anéantissement à peu près total du droit de résolution, ait conservé le privilège. Ce que la loi aurait décidé, d'après l'éminent juriste, pour le droit de résolution, elle doit le décider également, semble-t-il, pour le privilège. Sinon, elle est inconséquente avec elle-même.

La jurisprudence, comme la grande majorité de la doctrine, repousse également cette fausse interprétation de l'article 2102. Elle n'a pas eu à se prononcer directement sur la question. Mais voici dans quelles circonstances s'est manifestée son opinion à ce sujet. Une machine à vapeur avait été vendue sous la condition que, faute par l'acquéreur, de payer le prix dans le délai convenu, la résolution de la vente aurait lieu conformément aux dispositions de l'article 1654 du Code civil. Le prix n'ayant pas été payé, la résolution fut demandée devant le tribunal de commerce et obtenue. Mais, un créancier, ayant hypothèque sur la manufacture à laquelle avait été incorporée la machine à vapeur, fit tierce opposition au jugement. Il prétendit que la machine, devenue immeuble par destination, était, comme tel, comprise dans son droit d'hypothèque. Le tribunal donna tort à ce créancier. La Cour, saisie de la question par voie d'appel, déclara recevable la tierce opposition et, c'est justement là pour nous l'intérêt de cette décision, elle jugea que si, en l'espèce, la résolution ne pouvait être exercée par suite de l'immobilisation par destination de la machine vendue, la disposition de l'article 1654 ne s'en appliquait pas moins aux ventes d'immeubles *alors même que les conditions du droit de revendication ne se rencontreraient pas.* La Cour suprême rejeta le pourvoi formé par le vendeur tout en reconnaissant l'application faite par la Cour d'appel de l'article 1654. La jurisprudence n'a donc pas admis que le droit de revendication et le droit de résolution fussent une seule et même chose puisqu'elle décide que le vendeur d'objets mobiliers, même en conflit avec les créanciers de l'acheteur, peut agir en résolution en dehors des conditions requises pour la revendication (1).

1. L'arrêt que nous avons analysé se trouve rapporté dans Sirey 1836, I. 181. D'autres arrêts statuent dans le même sens, voir notamment 18 août 1829, S. 30. II. 10 et D. 29. II. 281.

Troisième système. — Cette troisième théorie sur la nature de la revendication a rallié à elle la presque unanimité des suffrages. Elle était enseignée par Valette à son cours et fut défendue, pour la première fois, par M. Wuatrin au concours d'agrégation de 1839. La revendication, dit-on, n'est donnée au vendeur que pour lui permettre de se remettre en possession de la chose, et, une fois en possession, d'exercer le droit de rétention. La revendication peut être caractérisée d'après cette doctrine *une revendication du droit de rétention*. Et alors, c'est là la conséquence pratique qui sépare ce système des deux précédents, le contrat n'est pas anéanti par l'exercice de l'action en revendication, l'acheteur peut toujours payer le prix et exiger la livraison. Ce droit lui est au contraire refusé si l'on voit dans la revendication une action en résolution. En ce cas, si l'acheteur, une fois que le vendeur a obtenu gain de cause, revient à meilleure fortune, en vain offrira-t-il de payer, ce sera en pure perte ; le contrat est résolu, les parties sont dégagées l'une envers l'autre.

Le système de M. Valette a le grand mérite de ne pas contredire les textes. Il nous explique parfaitement bien les conditions auxquelles est soumise la revendication. Pour pouvoir revendiquer, il faut :

1° Que la vente soit sans terme. C'est tout naturel si l'on voit dans la revendication une reprise du droit de rétention. La revendication ne peut alors exister dans une vente à crédit. Dans une pareille vente, le vendeur n'a pas le droit de rétention. Comment lui reconnaître une action qui a pour unique but de le recouvrer ?

2° La revendication doit être faite dans la huitaine de la livraison. La loi édicte un délai si court parce que le vendeur, qui attend trop longtemps, est présumé avoir renoncé tacitement au droit de rétention, ne peut plus rien faire, par suite, pour le reprendre.

3° La chose doit être dans le même état qu'au jour du contrat. C'est évident, sans cela, il est impossible de replacer le vendeur dans sa situation primitive.

4° La chose doit être en la possession de l'acheteur. C'est l'application de la règle. « *En fait de meubles, possession vaut titre.* »

Qu'on admette l'idée d'une résolution ou d'une reprise du droit de rétention on peut toujours expliquer cette dernière condition exigée par la loi pour l'exercice de l'action en revendication. On n'est pas embarrassé non plus pour motiver l'article 2102 en tant qu'il décide que la chose doit être dans le même état. Mais, les partisans de la résolution se heurtent à des difficultés insolubles lorsqu'ils veulent démontrer pourquoi la loi refuse la revendication dans les ventes à terme, pourquoi elle édicte un délai si court pour l'exercice de cette action. La théorie de M. Valette rend au contraire un compte exact de toutes les dispositions du Code ; elle explique, dans tous ses termes, l'article 2102 et se trouve ainsi en complète harmonie avec nos lois.

L'autorité de l'ancien droit fournit un argument de plus en faveur de l'opinion professée par l'éminent jurisconsulte. Sans doute, d'après les coutumes comme d'après le droit romain, le vendeur, étant resté propriétaire, exerçait la revendication à ce titre mais, dit la coutume de Paris, *il peut sa chose poursuivre pour être payé du prix qu'il l'a vendue*. S'il poursuit pour être payé, c'est donc que la vente n'est pas résolue, que la revendication n'a pas pour résultat d'anéantir le contrat, mais, seulement, de remettre le vendeur en possession. Cette interprétation de la coutume est donnée par Dumoulin et reproduite par les autres commentateurs. Eh bien ! si tel était l'effet de la revendication dans notre ancien droit, il est peu probable, d'autant plus que rien dans les termes de la loi ne peut le faire penser, que les auteurs du Code aient voulu innover.

Nous donnerons donc nos préférences à cette dernière opinion sur la nature de la revendication suivant d'ailleurs en cela la majorité, pour ne pas dire l'unanimité des auteurs qui se sont occupés de la question (1). Revendication du droit de rétention ; ces mots, comme l'a dit le poète, hurlent de se voir accouplés. Mais à qui en est la faute? C'est au législateur qui n'a pas donné au mot *revendication* son sens normal. Les rédacteurs du Code civil ont employé les termes du droit romain et du vieux droit français sans se rappeler que les principes avaient changé, que le vendeur n'était plus propriétaire. Il a fallu chercher le fondement de cette nouvelle revendication, et de toutes les explications qu'on en a données celle de MM. Valette et Wuatrin nous a paru la plus plausible.

1. Voir : Valette, *Privilèges et hypothèques*, tome I, n° 90, p. 115 ; Baudry et de Loynes, *Traité sur les privilèges et hypothèques*, nos 523 et suiv., p. 409 ; Lyon-Caen et Renault, *Traité de droit commercial*, tome II, n° 3010, p. 850 ; Guillouard, *Privilèges et hypothèques*, I, nos 411 et 412. Sur le système préconisé par Troplong, voir son traité *Privilèges et hypothèques*, 187 *bis* et suiv. Sur la théorie de Duranton, voir son *Cours de Code civil*, XIX, n° 120, p. 167.

Il aurait, peut-être, mieux valu. cela eut, en tous cas, mis un terme à toute cette discussion, supprimer la revendication. Le vendeur, qui s'est dessaisi de la chose, est bien suffisamment protégé par le privilège et la résolution. Pourquoi lui permettre encore, par la revendication, de reprendre la possession et de se replacer dans la même situation qu'avant la livraison ? Ce vendeur, d'ailleurs, mérite-t-il tant d'égards ? Nous ne le pensons pas ; il a traité au comptant, il n'avait donc que peu de confiance en son acheteur ; il devait alors pousser la prudence jusqu'au bout et ne livrer qu'après avoir obtenu paiement. La nécessité de la revendication apparaissait bien mieux à Rome. Cette législation, en effet, ne connaissait pas le privilège et n'admettait que le pacte commissoire exprès. Empêcher le vendeur de reprendre la chose qu'il avait inconsidérément livrée, c'eût été le dépouiller complètement à moins qu'il n'ait eu la précaution, au moment de contracter, de recourir aux garanties conventionnelles.

Malgré l'utilité contestable de cette revendication, les rédacteurs du Code l'ont cependant inscrite dans nos lois. Mais, alors, ils encourrent un autre reproche ; il eût été bien plus équitable d'accorder cette action, dans tous les cas et sans distinguer, comme le fait l'article 2102, si l'acheteur jouit ou non d'un délai pour payer. Le droit romain, que notre législateur semble ici copier, avait ses raisons pour cantonner la revendication dans les ventes sans terme. Cette action ayant, à Rome, sa base normale, la protection du droit de propriété ne pouvait uniquement exister que dans ces ventes, les seules où le vendeur restait propriétaire. De nos jours, il en est autrement, la propriété est transférée à l'acheteur au plus tard au moment de la tradition. Quelle différence existe-t-il entre le vendeur à crédit et le vendeur au comptant qui s'est dessaisi avant paiement ? Aucune ; tous deux ont perdu la propriété de la chose et ont, en définitive, suivi la foi de l'acheteur. La même situation exige les mêmes garanties. Le Code qui voulait maintenir la revendication, aurait dû le faire sans aucune restriction (1).

Section II. — Des conditions d'existence de la revendication.

Nous serons brefs sur cette matière. La loi est très explicite sur ce point et son étude ne demande pas de longs développements. Quatre conditions sont exigées par l'article 2102, § 4, al. 2, pour l'exercice de la revendication.

1° La vente doit être sans terme. Nous avons déjà constaté que le Code civil avait reproduit les principes du droit romain en n'admettant pas la revendication dans les ventes à terme ; que, d'ailleurs, on expliquait parfaitement l'exigence de cette condition en admettant avec M. Valette, que la revendication n'était que la reprise de la chose afin d'exercer le droit de rétention.

2° La chose doit encore être en la possession de l'acheteur. Il n'y a, dans cette disposition de l'article 2102,

1. Comparez : *Documents relatifs au régime hypothécaire*, tome III, p. 67.

qu'une simple application de la maxime *en fait de meubles possession vaut titre*. Si le droit romain et l'ancien droit français permettaient la revendication entre les mains des tiers détenteurs, c'est que, le droit romain ne reconnaissait pas l'existence du principe posé dans l'article 2279 et que, si le droit français avait d'abord consacré ce principe, il avait fini, dans la suite, par se conformer à la législation romaine.

De ce que nous sommes dans le domaine de l'article 2279, il faut en conclure que la revendication sera permise entre les mains des tiers détenteurs de mauvaise foi et même contre ceux de bonne foi, si la chose n'est parvenue entre leurs mains qu'à la suite d'une perte ou d'un vol sauf l'exception de l'article 2280.

Il faut également décider, toujours par application de la maxime *en fait de meubles possession vaut titre* que la revendication du vendeur, comme son privilège, échouera contre un locateur de bonne foi. Le créancier gagiste de bonne foi, et le bailleur n'est autre chose qu'un créancier gagiste, peut invoquer l'article 2279 en présence d'un véritable propriétaire, *a fortiori* le peut-il en face du vendeur qui ne se prévaut même pas d'un droit de propriété. Duranton a pourtant soutenu l'opinion inverse, prétendant que la revendication ne devait pas céder le pas au privilège du locateur, parce que, le droit de propriété est généralement plus puissant que le droit de gage ; que, de plus, la revendication, étant exercée dans un délai très court, ne pouvait guère nuire au bailleur ; et, qu'enfin, on ajoutait à la loi en donnant sur la revendication du vendeur, la préférence au locateur. Nous avons répondu d'avance à ces arguments. On n'ajoute rien à la loi en faisant prévaloir les droits du bailleur ; on ne fait qu'appliquer le droit commun, l'article 2279. Il faudrait, au contraire, pour que le vendeur passât avant le locateur, que l'article 2102 le dise expressément. Or, il garde le silence. D'ailleurs, la revendication du vendeur n'a pas sa base dans le droit de propriété ; ce n'est qu'un accessoire du droit de rétention. Duranton se contredit lui-même ; il nous dit : « Le droit de revendication du vendeur est général sous les conditions exprimées par la loi....... c'est le droit de propriété, qui est généralement plus puissant que le droit de gage » (1). Puis, autre part, nous lisons : « C'est incontestablement en se fondant sur ce principe (le principe posé par l'article 1184) que les rédacteurs du Code ont donné la revendication au vendeur non payé, puisque l'acheteur, d'après l'article 1583, était devenu propriétaire de la chose » (2). Nous admettrons, contrairement à Duranton, dont la théorie ne peut se justifier, que le vendeur ne peut exercer la revendication contre un locateur de bonne foi. Le même problème se pose à propos du privilège ; nous l'étudierons au siège de la matière. Constatons, dès à présent, qu'il ne présente plus alors de difficultés, l'article 2102-4°, al. 3, tranchant la question en faveur du locateur (3).

1. T. XIX, p. 169.
2. T. XIX, p. 167.
3. Le bailleur l'emporte sur le vendeur ; notons que le bailleur, à tous égards, est dans une situation préférable à celle du vendeur. L'article 2102 lui permet de revendiquer contre les tiers même de bonne foi, ce qui est, nous le savons, refusé au vendeur. Il y a là, nous semble-t-il, un défaut d'harmonie dans nos lois.

3° La revendication doit être faite dans la huitaine de la livraison. — Le droit romain accordait au vendeur la revendication pendant trois ans, dans le dernier état du moins de la législation. Dans l'ancienne France, le Parlement de Paris avait pris l'habitude de refuser la revendication à celui qui avait attendu trop longtemps pour agir ; on supposait qu'il avait tacitement accordé un terme. Le droit ancien admettait donc un bref délai, mais la durée de ce délai n'était pas fixée ; elle était laissée à l'arbitraire du juge. Le Code civil a agi plus sagement en fixant invariablement à huit jours à partir de la livraison le délai dans lequel l'acheteur devra agir. M. Guillouard nous dit (1) : « Ce que le vendeur doit faire dans le délai de huit jours, c'est revendiquer les meubles par lui vendus, il n'y a pas de formes sacramentelles pour cette revendication ; mais, il est nécessaire que *la revendication soit faite*, comme le dit l'article 2102, soit par une action en justice, soit par une saisie ». Un arrêt de la Cour de Douai (2) nous rapporte, en effet, que le fait, pour le vendeur, d'avoir formé opposition à la saisie pratiquée par un tiers sur les objets vendus n'équivaut pas à l'exercice même de cette revendication. En formant opposition, le vendeur a seulement manifesté son intention d'agir, mais il n'a pas agi et, dès lors, il ne pourra plus exercer la revendication après la huitaine de la livraison.

4° La chose doit se trouver dans le même état. — La question de savoir si la chose est, ou non, dans le même

1. *Traité des privilèges et hypothèques*, I, p. 461.
2. 18 déc. 1868, S. 69. II. 213.

état est une question de fait à résoudre dans chaque cas particulier et qui est laissée à l'appréciation du juge. La chose ne sera plus dans le même état quand elle aura subi une transformation telle qu'on ne pourra plus la reconnaître (du blé converti en farine) ou bien encore une transformation qui aura changé sa valeur (du bois converti en meubles). Le simple déballage de la chose n'équivaut pas à un changement dans son état. Sous l'empire de l'ancien article 580 du Code de commerce, qui refusait la revendication, en cas de faillite, en présence d'un simple déballage de la chose, on pouvait se demander si cet article devait s'appliquer en matière civile. La question était tranchée par presque tous les auteur, dans le sens de la négative. La loi de 1838 qui permet actuellement la revendication toutes les fois que l'identité de la marchandise sera prouvée, a fait cesser toute controverse à ce sujet; le simple déballage de la chose ne fait jamais obstacle à la revendication.

Nous avons terminé l'examen des textes relatifs à la revendication et des questions qui ont été soulevées relativement à l'application de ces textes. Nous réservons, pour notre dernière partie, ce qui concerne le cas de faillite de l'acheteur et, nous allons passer à l'étude de la troisième garantie reconnue au vendeur par le Code civil, à savoir: la résolution.

CHAPITRE III

LA RÉSOLUTION

C'est un principe posé par l'article 1184 que, dans tout contrat synallagmatique, la condition résolutoire est toujours sous-entendue pour le cas où l'une des deux parties ne satisfera point à son engagement. Le droit romain, nous l'avons souvent dit, ne connaissait que le pacte commissoire exprès. Les pays de coutume finissent par sous-entendre la clause de résolution, tandis que les pays de droit écrit continuent le droit romain. Le Code civil a consacré la solution admise par la coutume. Comment faut-il entendre l'article 1184? Cet article s'explique lui-même. La condition résolutoire est sous-entendue pour le cas où l'une des parties ne satisfera point à son engagement ; cela ne veut pas dire que la résolution sera chose accomplie par le fait que l'un des contractants n'aura pas rempli, dans le délai fixé, les obligations que le contrat met à sa charge. La partie envers laquelle l'engagement n'a pas été exécuté, a le choix ou de forcer l'autre partie à exécuter la convention, ou de demander, en justice, la résolution avec dommages-intérêts. Rien de plus équitable ! Si la résolution opérait par le seul fait du non paiement le contrat n'aurait plus aucune base solide, son maintien dépendrait du bon vouloir de chacun des co-contractants qui n'aurait, pour l'anéantir, qu'à ne pas remplir ses obligations. Ce droit d'option a d'ailleurs été reconnu de tous temps. Il a toujours fallu demander la résolution pour l'obtenir. La loi romaine disait : « *Nam legem commissariam, quæ in venditionibus adjicitur, si volet, venditor exercebit, non etiam invitus.* » On ne concevrait même pas une législation où l'une des parties serait à la discrétion de l'autre, la résolution opérant par le seul fait du non paiement. Le seul point sur lequel les législations peuvent varier, c'est sur la question de savoir comment la résolution sera demandée.

Tels sont, très brièvement expliqués, les principes posés par l'article 1184. Nous avons cru utile de les mentionner en tête de cette étude, car ils forment le siège de la matière, constituent le droit commun de la résolution pour inexécution de la convention par l'une des parties. Nous allons examiner en détail leur application particulière au contrat de vente, envisageant le cas où l'acheteur n'a pas payé le prix Le vendeur peut alors demander la résolution. Il le peut en vertu de l'article 1184, et, aussi en vertu de l'article 1654 qui a jugé utile de rappeler ici les règles générales consacrées par la loi au titre troisième.

Nous examinerons successivement, cela fera l'objet d'autant de sections :

Les caractères de la résolution.

Les caractères de l'action en résolution.

Les effets de la résolution.

Section I. — Les caractères de la résolution.

§ 1er. — La résolution est accordée au vendeur d'une façon très large.

§ 2. — La résolution n'opère pas par le seul fait du non paiement, le vendeur a le choix entre l'exécution et la résolution du contrat.

§ 3. — La résolution doit être demandée en justice.

§ 1. — *La résolution est accordée au vendeur d'une façon très large.*

Ce caractère de la résolution se déduit des trois propositions suivantes :

Première proposition. — Tandis que le droit de rétention et la revendication supposent une vente sans terme, la résolution appartient aussi bien au vendeur à crédit qu'au vendeur au comptant.

Deuxième proposition. — La résolution peut être exercée quelle que soit la nature de la vente, mobilière ou immobilière. L'article 1654 est conçu dans les termes les plus généraux ; il ne fait aucune distinction. D'ailleurs, le motif d'équité sur lequel est basé cet article, *caractère synallagmatique des obligations des parties*, ne permet pas de séparer au point de vue de la résolution, le vendeur de meubles de celui d'immeubles, refusant l'action au premier, l'accordant au second. Une pareille théorie a pourtant été soutenue et, par de bons auteurs (1). Cette opinion est aujourd'hui abandonnée (2), elle n'a jamais, croyons-nous, été acceptée par la jurisprudence (3), de nombreux arrêts le prouvent, ce qui contribue à lui enlever tout intérêt pratique. Pour ces diverses raisons, nous passerons rapidement sur la question ; nous croyons pourtant utile de donner et de combattre les arguments invoqués par les auteurs qui voudraient restreindre la résolution aux ventes d'immeubles. On peut ramener ces arguments à deux chefs.

1° L'article 1654 n'est pas général, dit-on, puisque l'article 2102-4° a organisé en matière de vente mobilière, sous le nom de revendication, une résolution spéciale. Nous avons vu, en examinant la nature de la revendication, ce qu'il fallait penser de l'idée d'une *revendication résolution*. D'ailleurs, même en admettant le système de Duranton sur la nature de la revendication, il n'en reste pas moins exact qu'une résolution spéciale n'exclurait pas en dehors des règles de cette résolution, l'application des principes généraux contenus dans l'article 1654.

2° En second lieu, ajoute-t-on, les articles 1655 et 1656, qui semblent développer l'article 1654, supposent uniquement des ventes d'immeubles. La réponse à cette objection est facile à faire.

L'article 1655 suppose une vente d'immeubles parce que le cas qu'il prévoit « le juge pourra-t-il accorder un

1. Delaincourt III, p. 157. — Duranton XVI. N° 380.

2. Guillouard, *Traité de la vente*, II, § 570 ; Aubry et Rau, IV, § 356 et p. 399 ; Colmet de Santerre, VII, n° 99 *bis ;* Troplong, II, n° 645.

3. Voir notamment Rouen, 22 nov. 1837, S. 38. II. 97 et Lyon, 21 mars 1839, S. 39. II. 423.

délai à l'acheteur ? » ne se présentera que très rarement dans les ventes mobilières. En effet, dans ces ventes, le danger de perdre la chose et le prix existe presque toujours pour le vendeur à cause de l'absence du droit de suite. L'acheteur ne pourra donc, la plupart du temps, obtenir du juge la faculté de reculer son paiement.

Quant à l'article 1656, les auteurs ne sont pas d'accord sur l'interprétation qu'il faut lui donner. Si l'on ne voit dans cet article qu'une application du droit commun en matière de pacte commissoire, de l'article 1184, on dira : « L'article 1656 n'ayant pas un caractère exceptionnel doit, malgré la réserve apparente de ses termes, s'appliquer aussi bien en matière mobilière qu'en matière immobilière ». Si, au contraire, adoptant l'opinion de Troplong, on considère l'article 1656 comme un texte d'exception, dérogeant aux règles de la condition résolutoire expresse contenues dans l'article 1183, on est obligé d'admettre que ce texte ne peut s'appliquer aux ventes mobilières. Mais est-ce une raison pour en conclure que le législateur ait repoussé l'idée d'une résolution au profit du vendeur de meubles? La loi n'a pas voulu dans l'hypothèse d'une vente mobilière, limiter la volonté des parties parce que, comme le dit si bien Demante, le vendeur peut être plus inquiet de perdre la chose et le prix. On le voit, quel que soit le sens que l'on attribue à l'article 1656, on n'est guère embarrassé pour réfuter l'argument qu'on prétend tirer de ce texte afin d'écarter la résolution des ventes mobilières.

3° De ce que la résolution de la vente, d'après l'article 1657, a lieu, au profit du vendeur, après l'expiration du terme convenu pour le retirement, Duranton en conclut que si la chose a été livrée il n'y a plus lieu à résolution de la vente. Cette argumentation ne nous paraît guère fondée. Les arguments tirés du silence des textes sont toujours très dangereux et en tous cas on ne peut les admettre que lorsqu'ils ne violent pas les principes généraux du droit. La loi, nulle part, n'exclut la résolution en matière mobilière, cela doit suffire pour l'admettre. De plus, comme le dit si bien M. Guillouard, de ce que l'article 1657 accorde au vendeur d'effets mobiliers un droit de plus, celui de reprendre sa chose faute de retirement par l'acheteur, il est impossible de conclure, que si l'acheteur commet une infraction plus grave au contrat et ne paie pas le prix, l'action résolutoire n'existera pas.

En résumé, tout nous le prouve, la lettre des textes, comme le motif d'équité, base de l'article 1654, le droit de demander la résolution au cas de non paiement du prix existe aussi bien pour le vendeur de meubles que pour le vendeur d'immeubles.

Troisième proposition. — La résolution existe tant que le prix ou les intérêts du prix n'ont pas été intégralement payés, quelque minime que soit la portion qui reste due par l'acheteur. On peut dire, en effet, que, tant que l'acheteur n'a pas tout payé, il n'a pas accompli son obligation et, par suite, le vendeur peut demander la résolution. C'est surtout dans l'hypothèse où tout le prix n'a pas été payé mais, où l'acheteur s'est presque acquitté de ses obligations, que paraît équitable la disposition de l'article 1656 permettant au magistrat d'accorder un délai au débiteur sur le point d'achever son paiement.

La résolution appartiendrait de même au vendeur si, le prix, au lieu de consister en un capital exigible, était représenté par les arrérages d'une rente versés annuellement au vendeur. L'hypothèse d'un prix-rente ne se présente que très rarement dans les ventes de meubles. Dans les ventes d'immeubles, au contraire, il est fréquemment stipulé que l'acheteur sera débiteur d'une rente perpétuelle. On peut alors se demander si la conversion du prix, capital exigible, en rente emporte novation ? Nous n'avons pas à entrer dans de pareils développements cela nous ferait sortir du cadre de cette étude qui est restreinte aux garanties du vendeur d'effets mobiliers. On peut pourtant concevoir une aliénation mobilière moyennant constitution d'une rente viagère. L'article 1968 nous dit : « *La rente viagère peut être constituée à titre onéreux moyennant une somme d'argent ou une chose mobilière...* ». Eh bien, en ce cas, l'application des principes conduirait à décider, qu'au cas de non paiement des arrérages, le crédit rentier vendeur pourra demander la résolution. Mais l'article 1978 est venu restreindre ici ce que pouvaient avoir de trop général les termes de l'article 1654 qui admettent sans limite la résolution. D'après cet article 1978, le vendeur, non payé, peut *seulement saisir et faire vendre les biens de son débiteur et faire ordonner ou consentir sur le produit de la vente l'emploi d'une somme suffisante pour le service des arrérages*. Pourquoi cette exception à l'article 1654 ? Laurent, dans ses principes de Code civil (1), nous en donne la raison suivante : « La résolution, au cas de rente viagère, ne replacerait pas les parties dans l'état

1. Laurent, XXIV, p. 326.

où elles étaient avant la vente. C'est une chance qui a fait l'objet du contrat ; cette chance a déjà produit une partie de ses effets, elle doit continuer à courir sinon les conventions des parties seraient altérées. »

Les parties peuvent parfaitement convenir contrairement à l'article 1978 que la résolution aura lieu quoique le prix consiste en une rente viagère; cet article n'est pas, en effet, d'ordre public (1).

§ 2. — *La résolution n'opère pas par le seul fait du non-paiement.*

Le contrat n'est pas résolu par le seul fait du non paiement du prix dans le délai fixé. Le vendeur, si l'acheteur ne paie pas, a un droit d'option. Deux partis s'offrent à lui, forcer l'acheteur à l'exécution de son obligation ou demander à la justice la résolution du contrat. C'est l'application du droit commun en matière de condition résolutoire tacite.

Toutes ces règles sont absolument rationnelles. Le droit de demander la résolution est une faveur pour le vendeur ; cette faveur ne peut se retourner contre lui et c'est ce qui aurait lieu si la résolution avait lieu de plein droit. Le contrat serait alors à la discrétion de l'acheteur qui n'aurait qu'à payer où à ne pas payer suivant qu'il voudrait ou non maintenir le contrat.

Le vendeur a le droit d'option. Comment le vendeur peut-il exercer ce droit, jusqu'à quel moment aura-t-il la

1. Cass., S. 85. I. 415.

faculté de choisir entre la résolution et l'exécution du contrat ? Plusieurs situations doivent être envisagées.

Le vendeur a d'abord poursuivi le paiement ; il est manifeste qu'en ce cas, il conserve toujours le droit de demander la résolution. La résolution est une garantie accordée au vendeur non payé, une ressource extrême dont l'utilité apparaît surtout si l'acheteur est insolvable. Elle n'aurait plus sa raison d'être si on la retirait au vendeur qui, ayant d'abord poursuivi le paiement du prix, n'a pu l'obtenir. D'ailleurs, d'après l'article 1654, le vendeur peut demander la résolution si l'acheteur ne paie pas le prix ; cela suppose que le vendeur a d'abord réclamé le prix.

Supposons l'hypothèse inverse. Le vendeur a d'abord agi en résolution, ce qui est assez rare ; peut-il encore réclamer le prix ? Le vendeur a le droit d'option ; il est libre, d'après l'article 1184, d'exercer les deux termes de ce droit comme il l'entendra. Il n'est nullement forcé d'agir en paiement avant de demander la résolution ; il peut tout aussi bien faire l'inverse s'il le préfère. Au reste, il va sans dire, qu'une fois la résolution prononcée, ce qui résulte d'un jugement passé en force de chose jugée ou de l'acquiescement du défendeur, le contrat n'existant plus, le vendeur ne peut plus réclamer le prix.

Le vendeur perd le droit d'option, s'il renonce à la faculté de demander la résolution. Rien n'empêche le vendeur de le faire. La résolution est une faveur établie dans son intérêt privé et chacun est libre d'abdiquer une faveur. La renonciation peut être expresse ou tacite. La clause de résolution de plein droit et sans sommation dont nous examinerons les effets plus loin, est un exemple de renonciation expresse. La renonciation tacite est celle qui s'induit de faits accomplis par le vendeur, ne laissant aucun doute sur son intention de perdre son droit. Il ne faut aucun doute, car les renonciations ne se présument point. Quant à la question de savoir si le fait implique véritablement l'abandon du droit, c'est là une question d'appréciation personnelle pour chaque cas particulier. On ne peut, à cet égard, que donner des exemples tirés des cas qui se sont présentés le plus souvent dans la pratique. C'est ainsi, qu'un arrêt de la Cour de cassation (1) reconnaît avec raison, que, si le vendeur accepte un tiers comme obligé, cette novation par changement de débiteur emporte pour lui renonciation tacite à la résolution contre l'ancien débiteur. Nous savons déjà qu'il ne faut pas voir, dans le fait pour le vendeur d'avoir exercé des poursuites en vue d'obtenir le paiement, une abdication de son droit.

§ 3. — *La résolution doit être demandée à la justice.*

Cette nécessité, pour le vendeur qui désire la résolution, de s'adresser au magistrat, est consacrée par l'article 1184. Quel est le rôle du juge ? Il est défini par l'article 1655, qui fait une distinction. Le vendeur est-il en danger de perdre la chose et le prix, la résolution est prononcée de suite. Dans le cas contraire, le juge peut accorder un délai. Ce délai passé sans que l'acquéreur

1. S. 34. I. 808.

ait payé, la résolution sera prononcée, cette fois sans aucun retard possible. La loi est conçu en termes très énergiques et il est hors de doute, que, si l'acheteur n'a pas payé dans le délai qui lui est imparti, le juge ne peut plus lui accorder un nouveau laps de temps. Bien plus, dit M. Guillouard (1), le juge doit déclarer le contrat résilié, même si l'acheteur offre à la barre du tribunal de payer le vendeur. C'est logique, mais selon nous, peut-être un peu excessif. L'article 1655 ne prévoit que les ventes d'immeubles, mais il s'applique aussi bien aux ventes mobilières. Comme toujours *lex statuit de eo quod plerumque fit*. La vérité est que, dans les ventes de meubles, le juge n'accordera presque jamais de délai, le vendeur étant toujours en danger de perdre la chose et le prix, par suite de la règle : *En fait de meubles possession vaut titre*. On peut pourtant concevoir des cas, dans lesquels, même en matière mobilière, aucun péril n'existera pour le vendeur. Il faut supposer pour cela que la chose vendue est incorporelle ; l'article 2279 ne s'appliquant plus, le vendeur ne courra plus de risques et le juge pourra, s'il le trouve utile, accorder un délai à l'acheteur.

Tels sont les caractères de la résolution telle que la comprend le Code civil. Nous dirons, pour les résumer, que la résolution qui existe quelle que soit la nature de la vente, mobilière ou immobilière, au comptant ou à crédit, n'est pas obligatoire pour le vendeur. Ce dernier peut choisir entre l'exécution du contrat et sa résolution. S'il opte pour la résolution, il devra s'adresser à la jus-

1. *Traité de la vente*, II, p. 117.

tice, idée qu'on exprime en disant *que la résolution n'a pas lieu de plein droit*.

Mais, ces principes, que nous venons de rappeler brièvement, les contractants peuvent les modifier par des conventions particulières. Nous rattachons, à l'étude des caractères de la résolution, l'examen des différentes clauses qui peuvent intervenir entre les parties et modifier les principes que nous avons analysés dans cette section. Trois clauses sont possibles :

A. Clause portant, qu'à défaut de paiement du prix, la vente sera résolue.

B. Clause portant, qu'à défaut de paiement du prix, la vente sera résolue de plein droit et sans sommation.

C. Clause portant, qu'à défaut de paiement du prix, la vente sera résolue de plein droit.

A. *Clause portant, qu'à défaut de paiement du prix, la vente sera résolue.* — Aucune difficulté ne peut s'élever au sujet de l'interprétation de cette convention ; l'intention évidente des parties a été de maintenir les règles du Code civil. Nous appliquerons l'article 1184. La résolution, facultative pour le vendeur, sera demandée à la justice à moins naturellement que les parties ne soient pas d'accord. De plus (art. 1656), le juge, s'il le croit utile et si le vendeur ne court aucun danger de perdre la chose et le prix, pourra accorder un délai.

B. *Clause portant, qu'à défaut de paiement du prix, la vente sera résolue de plein droit et sans sommation.* — Ici non plus, aucune contestation n'est possible. Quels sont les effets d'une pareille convention ? Par le seul fait de la condition résolutoire accomplie, par le seul fait du non paiement du prix dans le délai fixé, la vente sera résolue. Les mots *de plein droit et sans sommation* excluent, non seulement l'intervention de la justice, mais aussi, la possibilité pour le vendeur de choisir entre l'exécution du contrat et sa résolution. Le vendeur a renoncé au droit d'option ; il sera obligé, si l'acheteur ne paie pas, de subir la résolution. Remarquons qu'une pareille convention ne se rencontre que très rarement, pour ne pas dire jamais, dans la pratique ; elle met le contrat à la discrétion de l'acheteur ; on conçoit, dès lors, que le vendeur ne se décide guère à consentir une clause qui aboutit pour lui à un si fâcheux résultat.

M. Baudry-Lacantinerie (1) a proposé de cette clause une interprétation très ingénieuse, mais que nous ne croyons pas possible. Ne pourrait-on pas soutenir, dit cet auteur, que lorsqu'il aura été convenu que la vente sera résolue de plein droit et sans sommation, la situation du vendeur sera la même que celle que lui fait l'article 1657, après l'expiration du terme convenu pour le retirement, quand la vente a pour objet des denrées ou des effets mobiliers. Le vendeur pourrait alors disposer de la chose, sans même avoir besoin de mettre l'acheteur en demeure par une sommation mais la résolution serait toujours facultative pour lui ; il pourrait, s'il le préfère, exiger l'exécution du contrat. Nous ne croyons pas possible une pareille interprétation. Il ne faut pas oublier que nous sommes ici en présence d'une manifestation de la volonté des parties ; sans doute, il peut être fâcheux que le contrat soit laissé à la discrétion de l'acheteur. Mais à qui

1. *Précis du Code civil*, III, n° 576.

en revient la faute ? Aux parties qui l'ont voulu ainsi et il est fort douteux que, dans notre hypothèse, elles aient entendu conserver au vendeur son droit d'option. D'ailleurs, l'article 1657 s'explique par des motifs particuliers qui ne se trouvent plus ici. Les besoins du commerce exigent la circulation incessante des marchandises, le commerçant vendeur veut, à l'époque fixée pour le retirement, avoir son magasin disponible, pour remplacer, dans ses locaux, par des marchandises nouvellement achetées, celles qu'il a vendues. Tout ceci nous explique pleinement pourquoi la loi, dans l'hypothèse que prévoit ce texte a prononcé la résolution de plein droit, tout en conservant au vendeur son droit d'option. Toute autre, ici, est la situation. Nous ne sommes plus en présence d'un acheteur qui n'a pas pris livraison mais d'un acheteur qui n'a pas payé. Le vendeur, puisqu'il a livré, ne peut alors prétendre qu'il lui faut immédiatement de la place pour caser, dans ses magasins, les marchandises nouvelles dont il vient de faire l'acquisition. En un mot, les motifs de l'article 1657 ne subsistent plus au cas d'une convention de résolution de plein droit et sans sommation ; et par suite, on ne peut, raisonnant par analogie, appliquer ce texte pour résoudre les effets de cette clause.

C. *Clause portant, qu'à défaut de paiement, la vente sera résolue de plein droit.* — Tandis qu'aucune contestation sérieuse ne pouvait s'élever sur l'étendue des effets des deux précédentes conventions ; nous entrons, au contraire, ici, dans le domaine de la controverse. La question ne souffrirait pas de difficultés si nous nous placions dans l'hypothèse d'une vente immobilière. Elle est tranchée par l'article 1656 d'après lequel : « *S'il a été stipulé* « *que la vente serait résolue de plein droit, l'acquéreur peut* « *néanmoins payer après l'expiration du délai tant qu'il n'a* « *pas été mis en demeure par une sommation* ». Le vendeur d'après ce texte, conserve son droit d'option. Mais, s'il choisit la résolution, il ne sera pas obligé de recourir à l'intervention de justice. Une simple sommation sera suffisante pour résoudre la vente. Quant à ce qu'il faut entendre par cette sommation ; est-ce une sommation de payer ou une simple déclaration du vendeur de sa volonté de résoudre ? C'est encore une question sur la solution de laquelle on n'est pas d'accord et dont nous nous occuperons plus loin.

Un seul point pour le moment doit nous arrêter. L'article 1656 ne parle que des ventes d'immeubles. Quels seront alors, au cas d'une vente mobilière, les effets de la clause portant, qu'à défaut de paiement, la vente sera résolue de plein droit ? Faudra-t-il appliquer l'article 1656 qui semble viser uniquement la vente d'immeubles, ou bien, au contraire, écartant cet article, chercher autre part la solution de la question ? La doctrine est très divisée.

D'après Troplong (1), l'article 1656 ne prévoit que les ventes d'immeubles, on ne saurait l'étendre aux ventes mobilières. Pourquoi ? Selon cet auteur, nous sommes ici en présence d'une convention des parties. Les principes de la condition résolutoire expresse doivent s'appliquer. La clause de résolution de plein droit tombe dans le

1. *Traité de la vente*, nos 61 et 666.

domaine de l'article 1183. L'article 1656 dérogeant à l'article 1183, est venu restreindre la portée de ce que les parties ont voulu en conservant au vendeur son droit d'option (1). Il se présente à nous comme un texte d'exception et, par suite, il faut le restreindre au seul cas qu'il prévoit celui d'une vente d'immeubles. La vente est-elle mobilière? Nous rentrons dans le droit commun et appliquerons l'article 1183 qui contient les règles générales en matière de condition résolutoire. Le contrat sera résolu par le seul fait du non paiement à l'expiration du terme fixé ; le vendeur perdra son droit d'option. Si la chose est encore entre les mains de l'acheteur et a perdu sa valeur, il sera sacrifié car par l'exécution, il aurait obtenu le prix. Qu'il ne se plaigne pas! Cette situation est son œuvre, elle est le résultat de sa volonté nettement exprimée. Mais si, au contraire, la chose a augmenté de valeur, le vendeur gagne à se voir imposer la résolution immédiatement et sans aucune sommation préalable car, au moyen de cette résolution obtenue si rapidement, il court moins le risque de se voir privé de la chose par suite d'une aliénation consentie par l'acheteur.

Cette théorie, malgré son apparence logique, ne nous séduit pas beaucoup. Nous ne croyons pas qu'il faille

1. La disposition de cet article se justifie parfaitement, si l'on considère que le vendeur d'immeubles n'a pas besoin d'être protégé aussi efficacement que le vendeur de meubles. Il est moins en danger de perdre la chose et le prix. La résolution immédiate apparaît, dès lors, comme moins nécessaire et l'on conçoit très bien que l'article 1656 ait décidé qu'en matière immobilière, la convention de résolution de plein droit aurait seulement pour effet d'écarter l'intervention de justice, le vendeur devant, par une sommation, manifester sa volonté de résoudre.

faire une ligne de démarcation nette entre le pacte commissoire exprès qui serait réglementé par l'article 1183 et le pacte commissoire tacite, du domaine de l'article 1184. Nous croyons plutôt que l'article 1184 contient le droit commun en matière de pacte commissoire. Il pose les principes généraux pour le cas où l'une des parties n'a pas satisfait à son engagement, peu importe que la condition résolutoire ait fait l'objet entre les contractants d'une convention expresse ou qu'elle ait été sous-entendue. Deux idées fondamentales, bases de toute la théorie du pacte commissoire, se dégagent de son analyse :

1° La partie envers laquelle l'engagement n'a point été exécuté, a le choix ou de forcer l'autre à l'exécution de la convention ou d'en demander la résolution avec dommages-intérêts.

2° La résolution doit être demandée en justice.

Admettre d'autres principes, ce serait laisser le contrat à la discrétion de l'une des parties. Le droit romain avait si bien compris qu'un semblable résultat était impossible que, lui, qui n'admettait que le pacte commissoire exprès, avait consacré le droit d'option. L'intention évidente du législateur a été certainement de suivre la tradition romaine et de soustraire aux règles de l'article 1183, le pacte commissoire, même exprès. Tous les principes relatifs à ce pacte sont contenus dans l'article 1184 ; il ne faudra déroger à ce texte que lorsque les parties l'auront formellement voulu.

Notre point de départ n'est pas le même que celui de Troplong ; cet auteur ramène tout à l'article 1183, nous nous basons, au contraire, sur l'article 1184. Nous arrivons ainsi à des conclusions différentes. A la question que nous avons posée : « Dans quel sens comprendre la clause de résolution de plein droit ? », nous donnerons la solution suivante : L'article 1656, comme l'article 1184, conserve le droit d'option, sur un seul point, il se sépare du droit commun, il n'exige pas l'intervention de la justice. Ce texte ne revêt pas un caractère exceptionnel, nous l'étendrons aux ventes mobilières. Le vendeur d'une chose mobilière pourra forcer l'acheteur à exécuter le contrat; s'il se décide en faveur de la résolution, il procédera par voie de sommation.

La solution si équitable que nous adoptons est acceptée par presque tous les auteurs. On ne peut guère lui reprocher de violer, en conservant au vendeur le droit d'option, l'intention des parties qui ont voulu que la vente soit résolue de plein droit. Il est peu probable, en effet, que les contractants aient entendu laisser le contrat à la complète discrétion de l'acheteur. Il ne faut admettre une telle interprétation de la convention que lorsque les termes ne peuvent plus laisser aucun doute sur la volonté des parties. Elles ont décidé, par exemple, que la vente sera résolue de plein droit et *sans sommation*.

Nous sommes fixés sur le sens qu'il faut en matière mobilière, attribuer à la clause de résolution de plein droit. Le vendeur aura le droit d'option, s'il choisit la résolution, il devra faire une sommation à l'acheteur. De nouvelles difficultés s'élèvent sur la question de savoir ce qu'il faut entendre par cette sommation dont parle l'article 1656.

D'après une première opinion soutenue par Laurent (1), la sommation consisterait dans la simple déclaration de la part du vendeur qu'il entend user du pacte commissoire Cette opinion, dit-on, est conforme à l'article 1656. D'après ce texte, l'acquéreur peut payer tant qu'il n'a pas été mis en demeure de le faire par une sommation, donc, par argument *a contrario*, ne peut plus payer après la sommation. S'il en est ainsi, ce texte ne suppose pas une sommation de payer, car il faudrait alors nécessairement accorder à l'acheteur un délai pour payer une fois qu'il a été averti.

Nous penchons plutôt à admettre le système d'après lequel la sommation serait une sommation de payer. Qu'on lise l'article 1656, l'on y verra que : « *l'acquéreur peut néanmoins payer tant qu'il n'a pas été mis en demeure de le faire par une sommation* ». Peut-on dire, en termes plus clairs, qu'il s'agit ici d'une sommation de payer? Cela résulte manifestement des mots *payer* et *de le faire* employés par la loi. En outre, la doctrine de Laurent est en opposition manifeste avec le droit commun. Que fait-on du principe d'après lequel le non-paiement n'est officiellement constaté que par la mise en demeure? Pourquoi supposer que l'article 1656, lorsqu'il parle de sommation, a voulu parler d'une déclaration de résoudre? Il est bien plus simple de voir dans ce texte une application pure et simple des règles de la mise en demeure. On n'a pas le droit, en présence du mot sommation, d'y voir autre chose qu'une sommation de payer,

1. XVII, p. 180 et XXIV, p. 331.

si la loi avait voulu établir une dérogation au droit commun, elle eût été plus explicite.

Logiques avec nous-mêmes, nous accorderons un bref délai à l'acheteur pour s'acquitter. Puisque l'acheteur doit être sommé de payer, il est nécessaire, dit fort bien M. Colmet de Santerre (1), qu'on lui laisse un délai suffisant pour obtempérer à la sommation. Mais alors, nous objecte-t-on, quelle sera la durée du délai ? Et si les parties ne s'entendent pas, le juge devra intervenir contrairement à l'article 1656 *in fine*, d'après lequel, il ne peut accorder de délai ? Cette objection, par laquelle on croit nous accabler, n'est qu'apparente. Ce que la loi défend au juge, c'est d'accorder un délai à l'acheteur qui le demande, or, ici, l'acheteur ne fait que réclamer la faculté de se libérer.

Notre manière de voir a été adoptée par un arrêt de la Cour de Riom, confirmé en appel, qui, toutefois, nous semble être resté isolé. La jurisprudence se prononce plutôt en sens contraire ; elle juge qu'après la sommation, il n'est plus permis à l'acheteur de purger sa demeure (2).

Tous nos développements au sujet de l'interprétation qu'il faut donner à la clause de résolution de plein droit peuvent se résumer dans les deux propositions suivantes ?

1° L'article 1656, interprétatif de la volonté des parties, s'applique puisqu'il ne fait que consacrer le droit com-

1. *Cours de droit civil*, VII, 101 *bis*, 3.
2. Voir Dalloz, au mot Vente, n° 1272 et 1273.

mun aussi bien aux ventes de meubles qu'aux ventes d'immeubles. Le vendeur d'effets mobiliers, au cas d'une clause de résolution de plein droit, aura le choix entre l'exécution et la résolution du contrat, mais l'intervention de la justice sera écartée et remplacée par une sommation.

2° Cette sommation sera une sommation de payer.

Section II. — Les caractères de l'action en résolution.

§ 1. — A qui appartient l'action en résolution ?
§ 2. — Sa durée.

§ 1. — *A qui appartient l'action en résolution ?*

L'action en résolution appartient, sans aucun doute, au vendeur. A qui appartiendrait-elle si ce n'est à lui ?

Le cessionnaire de la créance du prix peut-il, comme le vendeur, exercer l'action en résolution ? C'est très discuté (1). Tout se ramène à la question de savoir si la réso-

1. Dans le sens de la négative, voir Laurent, XXIV, 535 ; Marcadé, sur l'article 1692, n° 2. Dans le sens de l'affirmative, consulter Aubry et Rau, § 359 *bis,* note 49 et 356, note 23 ; Troplong, II, 916 ; Guillouard, *Vente*, II, § 819. Voir aussi de nombreux arrêts, notamment Paris, 12 fév. 1844. S. 44. II. 115 ; Paris, 17 août 1877, D. 1878. II. 36 ; Bordeaux, 16 et 23 mars 1832, S. 33. II. 57.

lution peut être considérée comme un accessoire de la créance. Si oui, en vertu de l'adage *accessorium sequitur principale*, elle pourra être exercée par le cessionnaire ; dans le cas contraire, il faudra la refuser à ce même cessionnaire. Quant à nous, l'article 1692, qui énumère les accessoires de la créance cédée, ne nous paraît avoir aucun caractère limitatif. En vertu de l'interprétation large que nous donnons à ce texte, nous considérerons la résolution comme comprise, en qualité d'accessoire, dans la cession de la créance cédée et, en conséquence, nous permettrons au cessionnaire de l'exercer.

Faut-il admettre à l'exercice de l'action en résolution celui qui, ayant avancé à l'acheteur les deniers pour le prix, a été subrogé par le vendeur dans ses droits ? Presque tous les auteurs résolvent la question dans le sens de l'affirmative. Les articles 1249 et 1250 sont conçus dans les termes les plus généraux. A certaines conditions, ils permettent dans notre cas la subrogation. On ne voit pas alors, pourquoi le subrogé qui peut être considéré comme un cessionnaire, ne pourrait comme le cessionnaire lui-même exercer la résolution.

Les héritiers du vendeur peuvent également exercer l'action en résolution. Mais, dans quelle mesure ? Chaque héritier peut-il demander la résolution pour sa part, ou, au contraire, celui qui veut agir en résolution, doit-il mettre en cause tous ses cohéritiers pour s'entendre avec eux sur le maintien ou l'anéantissement du contrat ? C'est se demander si l'action est divisible ou indivisible ?

Une première opinion, qui compte parmi ses partisans

d'éminents jurisconsultes (1), considère l'action en résolution comme divisible. Il ne peut, dit-on, s'élever de doutes à cet égard. L'article 1217 nous donne une définition de la divisibilité. Il faut, nous dit ce texte, que la chose, objet du droit, soit susceptible de division, soit matérielle, soit intellectuelle. Or, sur quoi porte le droit de résolution ? Sur la chose vendue qui est éminemment divisible. Le droit de résolution, et, par suite, l'action qui le sanctionne, par définition, sont donc divisibles. Cette solution, imposée par les principes, est évidemment désastreuse pour l'acheteur qui pourra voir le contrat maintenu ou anéanti seulement pour partie. Mais, cet acheteur n'est pas tant à plaindre, c'est bien par sa faute qu'il est dans cette situation désavantageuse. Il n'avait qu'à payer, il ne se serait pas mis dans ce mauvais cas ! La loi vient au secours de l'acheteur au cas où le covendeur exerce le rachat. Elle lui permet alors, dans l'article 1670, d'exiger que les covendeurs soient mis en cause afin de se concilier entre eux pour la reprise de l'héritage, faute de quoi il sera renvoyé de la demande. Cette solution de l'article 1670 se conçoit très bien, l'acheteur, dans le cas prévu par ce texte, n'est pas fautif et c'est toute justice que de lui permettre de choisir entre la résolution complète ou le maintien intégral du contrat.

Cette opinion ne nous paraît pas à l'abri de toute critique et nous inclinerions plutôt, suivant en cela le système admis par MM. Guillouard, Aubry et Rau (2), en

1. Laurent, XXIV, n° 352 ; Duvergier, I, n° 464.
2. Guillouard, *Vente*, II, n° 574 ; Aubry et Rau, IV, § 356, note 27.

faveur de l'indivisibilité de l'action en résolution. L'acheteur pourra exiger du covendeur qu'il mette en cause les autres cohéritiers et s'entende avec eux pour la reprise totale du bien vendu. Sans doute, si l'on s'en tient à l'article 1217, l'action en résolution est bien divisible ; mais, les partisans du système, que nous combattons, oublient l'article 1218 d'après lequel l'obligation sera indivisible, si elle a été envisagée comme telle par les parties. Or, n'est-ce pas justement le cas ici ? N'a-t-il pas dû entrer dans la pensée des parties que l'objet vendu ne pourrait, au cas de résolution, être repris à l'acheteur pour partie ? Et alors, que nous importe que la situation de celui à qui le bien est réclamé soit moins digne d'intérêt au cas de résolution pour non paiement du prix, qu'au cas de rachat. Nous ne faisons qu'interpréter la volonté tacite des parties en reconnaissant à l'acheteur le droit de mettre tous les cohéritiers en cause. D'ailleurs, dans l'hypothèse de la rescision pour cause de lésion, le Code (art. 1685) admet bien l'application de l'article 1670. Et cependant, l'acheteur, contre qui la rescision est exercée, ayant profité de la situation précaire du vendeur pour obtenir la chose à bas prix, n'est guère plus recommandable que notre acheteur qui n'a pas payé le prix. Ces deux acheteurs, aussi peu honnêtes l'un que l'autre, doivent être

Quant à Troplong, en principe, il reconnaît que l'action en résolution est divisible, mais il aboutit à l'indivisibilité en appliquant par analogie l'article 1670. Tout en arrivant, en fait, aux mêmes résultats que l'excellent auteur, nous ne croyons pas qu'il puisse être question d'appliquer en la matière l'article 1670. L'action en résolution est non pas divisible, mais indivisible en vertu de l'article 1218.

placés dans la même situation. Ce que la loi accorde au premier, il n'y a pas de bonnes raisons pour le refuser au second.

La jurisprudence, comme la doctrine, est divisée sur la question. Dans le sens de l'indivisibilité, nous trouvons un arrêt rapporté dans le recueil de Sirey (1). Cet arrêt suppose l'action intentée non par un cohéritier, mais par un cocédant. La question qui se pose est d'ailleurs la même dans un cas comme dans l'autre et doit être résolue dans le même sens. Nous trouvons, en faveur de l'indivisibilité, un arrêt de la Cour suprême (2), qui décide le cohéritier non recevable à demander la résolution sans le concours et l'assistance de son cohéritier. Il se base, pour motiver sa décision, sur ce fait que : « les parties contractantes ont considéré comme indivisible, l'objet de chacun de ces actes ». La Cour, comme nous l'avons fait, base sa manière de voir sur l'article 1218.

Résumons en quelques mots toutes nos explications sur la question de savoir qui peut exercer l'action en résolution. Cette action appartient au vendeur, au cessionnaire de la créance du prix de vente, à celui qui a avancé à l'acheteur les deniers nécessaires pour payer et a été subrogé dans les droits du vendeur. Nous venons de voir que le co-héritier ou le co-cessionnaire d'une partie du prix peuvent agir en résolution mais qu'ils doivent, si l'acheteur l'exige, mettre en cause les ayants cause du vendeur pour s'entendre avec eux sur la reprise totale du bien.

1. 44. I. 115.
2. 29. I. 180.

Nous ajouterons pour terminer sur ce point, que le droit d'exercer l'action en résolution appartient encore aux créanciers du vendeur qui peuvent l'exercer en vertu de l'article 1166, ce droit revêtant un caractère purement pécuniaire et ne pouvant être considéré comme exclusivement attaché à la personne du débiteur.

§ 2. — *Durée de l'action en résolution.*

La loi n'a rien dit de spécial sur la durée de l'action en résolution, il nous faut donc appliquer le droit commun. L'application du droit commun nous conduit aux conséquences suivantes :

1° L'action en résolution pourra être exercée pendant trente ans contre l'acheteur.

2° Elle échouera en vertu de l'article 2279 contre les tiers détenteurs de bonne foi à moins que la chose n'ait été perdue ou volée. Dans ce dernier cas, le vendeur pourra revendiquer pendant trois ans à compter du jour de la perte ou du vol, sauf l'exception consacrée par l'article 2280.

3° S'il s'agit d'une cession de créance à laquelle s'appliquent les formalités de l'article 1690, le cédant pourra revendiquer entre les mains des tiers sous-cessionnaires tant qu'ils ne se seront pas conformés aux prescriptions exigées par cet article, c'est-à-dire, tant qu'ils n'auront pas signifié la cession au débiteur ou obtenu son acceptation par acte authentique. C'est en effet seulement après l'accomplissement de ces formalités, que la cession devient opposable aux tiers par suite au premier cédant qui joue le rôle de tiers. L'article 1690 remplace ici l'article 2279 (1).

Les créances constatées par des titres au porteur sont envisagées comme liées avec le titre qui les constate ; on les considère comme des objets mobiliers corporels et dès lors l'article 2279 leur devient applicable.

S'il s'agit d'une vente de navire, faut-il appliquer l'article 2279 et décider par suite que la résolution du vendeur échouera entre les mains des tiers acquéreurs de bonne foi ? On est généralement d'accord, quoiqu'il n'y ait pas de texte formel à cet égard, pour exclure en cette matière l'article 2279. Les motifs qui justifient cet article, difficulté pour les acquéreurs de demander à leurs auteurs la preuve de leur droit, ne se retrouvent plus ici. La transmission des navires est soumise à des formalités particulières grâce auxquelles l'acquéreur peut parfaitement connaître les titres de son auteur. Qu'il ne se plaigne plus dès lors s'il est évincé et si on ne le protège pas par l'application de la maxime. *En fait de meubles possession vaut titre.* Outre cet argument de raison que l'on peut invoquer pour soutenir que l'article 2279 ne s'applique pas aux navires, les textes fournissent, en faveur de cette solution, un autre point d'appui. D'après les articles 193

1. Cependant il a été jugé par la Cour de cassation que, au cas d'une résolution de cession de créances, le cédant originaire ne pouvait agir contre le tiers cessionnaire et cela en vertu des articles 1689 et 2228 du Code civil. Consulter D. 1893, I, p. 524.

et 196 du Code de commerce, le droit réel de privilège suit la chose entre les mains du tiers acquéreur et possesseur de bonne foi. Ce qu'on décide pour le droit réel de privilège il faut l'appliquer au droit réel de propriété, c'est-à-dire au droit de résolution qui, contre les tiers, n'est autre chose que le droit de propriété invoqué par le vendeur qui l'a recouvré à la suite de la résolution prononcée contre l'acheteur.

Nous excluons, en matière de vente de navires, l'article 2279, mais alors se pose à nous un nouveau point d'interrogation. Si le tiers ne jouit pas de la prescription instantanée de l'article 2279, au bout de quel laps de temps lui sera-t-il donné de prescrire la propriété du navire ? Notre éminent maître M. Lyon-Caen (1), conclut à la prescription de trente ans malgré la bonne foi du possesseur. Il base sa décision sur ce motif que, la distinction faite par l'article 2265, suivant que le tiers habite ou non le ressort de la Cour d'appel où est situé le bien, cette distinction est inapplicable aux navires. Il ne reste plus alors qu'à revenir à la prescription trentenaire même en présence d'un tiers de bonne foi. M. Labbé (2) se prononce en faveur de la prescription de vingt ans. C'est une solution très favorable pour l'acquéreur mais qu'on ne peut appuyer sur aucun texte. Pourquoi pas, si on ne considère que la bonne foi, ne pas accorder aussi bien la prescription de dix ans ? Il vaut mieux dans le doute permettre au vendeur, comme le fait M. Lyon-Caen, de revendiquer pendant trente ans.

1. *Précis de droit commercial*, T. II. N° 1634.
2. Note au bas d'un arrêt rapporté dans Sirey, 1870. I. 145.

Si nous étions en matière immobilière, il nous faudrait, pour envisager sous tous ses aspects cette action en résolution, examiner sa nature et voir s'il faut la considérer comme une action réelle, personnelle ou mixte. La question présente de l'intérêt au point de vue de la compétence. En matière réelle, c'est le tribunal de la situation du bien qui sera saisi ; en matière personnelle, le tribunal du domicile du défendeur ; en matière mixte le choix est donné au créancier. Le problème de la réalité ou de la personnalité de l'action en résolution n'a pas à être examiné à propos de la vente mobilière. L'article 2279 fait obstacle à l'exercice de la résolution vis-à-vis des tiers et, dans les cas très rares où pourtant cette résolution les atteint, il n'y a plus d'intérêt à se demander si l'action intentée est réelle, personnelle ou mixte. Quelle que soit, en effet, la nature qu'on lui reconnaisse, la compétence sera toujours la même ; on appliquera la règle générale par cela seul que la loi n'y a pas dérogé, le tribunal du domicile du défendeur devra être saisi.

De même, nous sortirions des limites de notre sujet en nous occupant des rapports établis par la loi de 1855 entre la résolution et le privilège du vendeur. Les principes nouveaux contenus dans cette loi ne concernent que la résolution immobilière. C'est très logique, car la résolution, dans les ventes de meubles, ne peut nuire aux tiers que prévoit la loi de 1855.

Mais si la résolution mobilière ne peut porter préjudice à ces tiers, elle est, au contraire, pleine de surprises pour les tiers créanciers chirographaires de l'acheteur. En effet, ces tiers, une fois qu'un certain temps s'est écoulé depuis la vente, ont dû considérer le bien vendu comme devenu définitivement leur gage. Aucune publicité n'est organisée, ni, d'ailleurs, n'est facilement possible pour les ventes mobilières, qui permette aux créanciers de l'acheteur de constater que le prix n'a pas été payé. Ignorant l'existence du droit de résolution, et, pouvant, avec raison, croire qu'il n'existe plus, ils traiteront avec le débiteur et, se verront plus tard atteints par l'exercice d'un droit qu'ils ne soupçonnaient pas. La loi hypothécaire belge du 16 décembre 1851, article 20-5° a, mieux que le Code civil, compris l'intérêt de ces tiers. Elle nous dit : « *La déchéance de l'action en revendication emportera également celle de l'action en résolution à l'égard des autres créanciers* ». Tandis que chez nous, l'action en résolution peut être exercée pour ainsi dire indéfiniment contre l'acheteur, d'après les principes admis chez nos voisins, la durée de cette action, au moins à l'égard des créanciers (1), est intimement liée à celle de la revendication et, huit jours après la livraison, toute personne pourra traiter avec l'acheteur en pleine sécurité. Mais remarquons que, si la loi belge est en grand progrès sur le Code au point de vue des garanties qu'elle offre aux tiers, elle ne leur donne pas une protection tout à fait complète. Ces tiers, en effet, auront toujours à craindre l'exercice du privilège qui, lui, n'est soumis dans sa durée à aucune limitation.

1. C'est seulement en effet à l'égard des créanciers que la loi hypothécaire belge limite la durée de la résolution. Cette action, dans les rapports du vendeur et de l'acheteur, est toujours prescriptible par trente ans.

Quant au point de savoir ce que devient l'action en résolution en présence d'une immobilisation de l'objet vendu, nous réserverons l'étude de cette controverse. Elle se présente sous le même aspect à l'occasion du privilège et c'est, à cette place, que nous l'examinerons.

Section III. — Des effets de la résolution.

Nous avons vu, dans une section première, le vendeur ayant le choix entre l'exécution et la résolution du contrat. Dans une section deuxième, nous avons supposé que ce vendeur avait manifesté sa volonté en faveur de la résolution, et nous avons recherché alors les caractères de l'action qu'il devait exercer pour faire tomber le contrat. Il nous reste maintenant, dans une dernière section, à passer en revue les effets qu'engendre la résolution une fois qu'elle est prononcée par le juge.

Ces effets doivent être envisagés sous un double aspect :

Effets de la résolution entre les parties.

Effets de la résolution à l'égard des tiers.

§ 1. — *Effets de la résolution entre les parties.*

La principale conséquence de la résolution, conséquence d'où découlent toutes les autres est, qu'une fois la résolution prononcée, la vente étant considérée comme n'ayant jamais eu lieu, tout doit être remis dans l'état qui existait avant le contrat. Ce principe n'est d'ailleurs pas spécial à la résolution pour défaut de paiement du prix ; on le retrouverait toutes les fois qu'un contrat quelconque est résolu et quel que soit le motif de sa résolution.

Nous disons que les parties doivent être remises dans l'état où elles étaient avant de contracter. De cette proposition, qui domine toute la matière, nous déduirons les conséquences suivantes :

1° L'acheteur doit restituer la chose ; il doit également restituer les fruits qu'il aurait perçus. Il faut remarquer que le principe de restitution, en ce qui concerne les fruits ne trouvera que peu d'applications en matière mobilière. Le bénéfice de l'acheteur d'effets mobiliers consiste, en effet, bien plutôt à faire usage de l'objet vendu qu'à en retirer des fruits. L'acheteur de meubles peut pourtant se trouver percevoir des fruits. Ainsi, le cessionnaire d'une créance touche les intérêts de cette créance qui sont des fruits civils. Au cas de résolution de la cession, il en devra compte au cédant.

A ce propos, on peut se demander si l'acheteur aurait le droit d'invoquer la prescription de l'article 2277 afin de ne restituer les fruits que pendant une période de cinq années ? Nous ne le pensons pas. D'abord l'article 2277 n'est applicable qu'aux intérêts payables par année ou à des termes périodiques plus courts ; or, les restitutions mises à la charge de l'acheteur sont payables en bloc. Ensuite les motifs qui ont inspiré l'article 2277, à savoir l'intérêt qu'inspire le débiteur exposé à la ruine par la négligence de son créancier, ne peuvent être invoqués par l'acheteur qui, par sa faute, s'est volontairement placé dans la situation d'un possesseur de mauvaise foi. Enfin, la résolution doit avoir pour conséquence de replacer les parties dans la même situation qu'avant le contrat. Ce résultat ne serait pas atteint si l'acheteur pouvait se prévaloir de la prescription quinquennale.

En sens inverse, nous déciderons, pour les mêmes motifs, que le vendeur, obligé de restituer les intérêts du prix touchés par lui, ne pourra pas non plus invoquer la prescription de l'article 2277.

Nous disions plus haut que le bénéfice de l'acheteur d'effets mobiliers consiste plutôt à faire usage de la chose vendue qu'à en retirer les fruits. Dans le cas où l'acheteur a eu l'usage de la chose, nous pensons que cet acheteur, qui s'est servi de l'objet vendu (1) ne pourrait exiger du vendeur la restitution des intérêts du prix. Ces intérêts peuvent, en effet, être considérés comme l'équivalent de la jouissance qu'il a eue sur la chose. Il s'établit là une sorte de compensation entre la jouissance de la chose, valeur que l'acheteur ne peut pas restituer, et les intérêts du prix. La jurisprudence (2) décide que pareille compensation ne pourrait se produire lorsqu'il s'agit de fruits perçus par l'acheteur, et que le vendeur ne saurait se dispenser de payer les intérêts sous prétexte que l'acheteur a perçu les fruits. Comme le dit

1. Tel serait le cas d'une vente d'un cheval de selle, l'acheteur ayant employé le cheval pour le monter.

2. Cass., 23 juillet 1834, S. 34. I. 260.

M. Guillouard (1) : « Cette compensation serait le plus souvent avantageuse pour le vendeur car, les fruits de la chose seront d'une valeur moindre que les intérêts du prix au taux légal.

L'acheteur doit, de plus, un compte exact des dégradations par lui commises. Il va sans dire que, si la chose a diminué de valeur par cas fortuit ou force majeure, il ne saurait en être rendu responsable.

Mais, supposons que l'acheteur, au lieu de dégrader la chose a fait, au contraire, des dépenses pour elle. Aura-t-il droit à une indemnité à raison de ces dépenses ? Ici s'impose la distinction habituelle entre les dépenses nécessaires, utiles et voluptuaires. La loi ne s'est pas occupée de la question, aussi, nous pensons qu'il y a lieu d'appliquer le droit commun. Pour les dépenses nécessaires, celles qui, par définition, ont conservé la chose, l'acheteur aura droit au montant de la dépense. Pour les impenses utiles, l'acheteur qui les a faites est un possesseur de mauvaise foi ; il savait que son titre était précaire tant qu'il n'aurait pas payé. Il n'a, par suite, droit qu'à la plus-value ou à la dépense seulement, quand, ce qui est rare, elle est inférieure à la plus-value (2). Quant aux impenses voluptuaires, il ne faut reconnaître à l'acheteur, toujours par application du droit commun, que le *jus tollendi*.

2° En ce qui concerne le vendeur, ce dernier doit res-

1. *Traité de la vente*, II, n° 615.

2. C'est la solution admise par un arrêt de la Cour de cassation rapporté dans Dalloz, 87. 1. 305.

tituer les acomptes du prix par lui touchés et les intérêts du prix. Cette obligation pour le vendeur de restituer les intérêts du prix est corrélative à celle de l'acheteur de rendre les fruits par lui perçus.

Il faut ajouter que, par application de l'article 1184, le vendeur pourra, en outre, exiger des dommages et intérêts toutes les fois que la résolution du contrat lui aura causé préjudice (1).

§ 2. — *Effets de la résolution à l'égard des tiers.*

C'est toujours le principe, qu'au cas de résolution, la vente est censée n'avoir jamais eu lieu, qui doit nous guider dans l'examen des effets de la résolution vis-à-vis des tiers.

Appliquons ce principe à l'égard de l'acheteur nous dirons : « Le contrat n'ayant jamais existé, les droits consentis par l'acheteur sur la chose dans l'intervalle entre la conclusion du contrat et son anéantissement tomberont comme consentis *a non domino* ». C'est cette idée qu'exprime la maxime *Resoluto jure dantis, resolvitur jus accipientis*. Les tiers, par le fait de la résolution se trouvent sans droits sur la chose, le vendeur est redevenu

1. Le vendeur qui agit en résolution contre un acheteur en état de faillite ou de liquidation judiciaire peut-il réclamer à la masse des dommages et intérêts ? C'est une question que nous étudierons en détails dans notre troisième partie consacrée aux droits du vendeur d'effets mobiliers au cas de faillite ou de liquidation judiciaire du débiteur.

propriétaire, il va donc pouvoir revendiquer contre les tiers acquéreurs. C'est bien la règle en matière immobilière. Mais, il en est différemment lorsqu'on se trouve en présence d'une vente mobilière. Le vendeur d'effets mobiliers, qui, la résolution prononcée, veut agir contre les tiers, se heurtera à la maxime : *en fait de meubles possession vaut titre*. Les tiers dont les droits sont anéantis à la suite de la résolution pourront se prévaloir de l'article 2279 comme d'une exception péremptoire et repousser la prétention du vendeur redevenu propriétaire. La situation du vendeur de meubles est donc infiniment moins bonne que celle du vendeur d'immeubles ; mais nous avons déjà vu que la loi vient à son secours en lui accordant (article 2102), la revendication grâce à laquelle il pourra empêcher l'acheteur d'aliéner.

Faisons l'application de notre principe à l'égard du vendeur, nous dirons : « Les droits consentis par le vendeur dans l'intervalle entre la conclusion du contrat et son anéantissement, seront consolidés par la résolution ». MM. Aubry et Rau professent pourtant, dans leur traité de droit civil (1), une opinion inverse. Au cas de résolution, disent ces auteurs, il y aura tout simplement retour de la chose entre les mains du vendeur qui avait cessé d'être propriétaire et n'avait pu, par suite, consentir avant la résolution des droits valables. Cette théorie ne nous paraît pas exacte. Elle n'a d'ailleurs pas eu grand succès. Elle est contraire à l'article 1183 d'après lequel la condition résolutoire remet les choses au même

1. III, n° 226, note 13.

état que si l'obligation n'avait jamais existé. Le vendeur, aux termes de cet article, est donc censé n'avoir jamais cessé d'être propriétaire et il faut, pour se conformer à la loi, maintenir les droits qu'il a consentis dans l'intervalle entre la conclusion du contrat et sa résolution. Ici, comme toujours en matière mobilière, il faudra tenir compte de l'article 2279, qui vient restreindre, en pratique, la portée de la règle que la situation des ayants cause du vendeur est consolidée par la résolution.

CHAPITRE IV

LE PRIVILÈGE

Le privilège est, pour le vendeur non payé, le droit de vendre le bien et de se faire payer sur le prix par préférence aux créanciers chirographaires et hypothécaires de l'acheteur et aux créanciers privilégiés dont la sûreté passe après celle du vendeur.

Cette garantie si importante est, nous avons déjà eu occasion de le dire, une création de l'ancien droit. Le vendeur, sous la législation romaine, était bien suffisamment protégé quand il n'avait pas accordé de terme, puisqu'il restait propriétaire. Quant à celui qui avait suivi la foi de l'acheteur, il n'avait que la ressource des garanties conventionnelles; sa situation, quoique digne d'intérêt, était peu enviable. Notre ancien droit est venu au secours de ce vendeur à crédit qui manquait de protections et lui a reconnu un privilège. Ce privilège fut généralisé et accordé même au vendeur sans terme et, ainsi compris, il a passé de nos coutumes dans le Code civil.

Nous ne nous occuperons que du privilège du vendeur d'effets mobiliers qui est consacré par l'article 2102, § 4. Nous diviserons cette étude en plusieurs sections :

Section I. — Motifs et conditions d'existence du privilège.

Le privilège est accordé au vendeur sur la chose vendue parce que, ce vendeur, tant qu'il n'a pas été payé, a augmenté à ses dépens le patrimoine de l'acheteur, par suite le gage des créanciers de cet acheteur. Et, en effet, il a livré sans avoir reçu l'équivalent auquel il avait droit. Les créanciers, s'ils concouraient avec ce vendeur non payé sur le prix de la chose, réaliseraient à son égard un enrichissement injuste, la valeur du bien vendu devant appartenir exclusivement au vendeur. La base du privilège est donc tout à fait équitable.

On exprime, d'une façon plus brève, l'idée que nous venons de développer, en disant : « Le vendeur est privilégié parce qu'il a mis la chose dans le patrimoine de l'acheteur ».

Pour qu'il y ait privilège du vendeur d'effets mobiliers, plusieurs conditions sont nécessaires. Il faut :

Une vente.

La vente doit avoir pour objet des effets mobiliers.

La chose doit être en la possession du débiteur.

§ 1. — *Pour qu'il y ait privilége, il faut une vente.*

Au cas de contestation, c'est au juge qu'il appartiendrait de décider si la convention intervenue entre les parties a vraiment les caractères d'une vente. Il devrait, pour apprécier la nature du contrat, s'en remettre non pas au nom que les parties lui ont donné, mais à l'intention qu'elles ont eue en contractant. Les Romains disaient : *Contractus non ex nomine sed ex re legem accipiunt.*

Par application de ces principes, nous déciderons que si la femme s'est constitué en dot des meubles par contrat de mariage et a estimé ces meubles, l'estimation valant vente à moins de convention contraire, la femme dotale aura le privilège du vendeur. Cette solution n'est pas admise par M. Colmet de Santerre, qui fait une distinction subtile (1). Cet auteur voit dans la constitution de dot mobilière avec estimation, deux opérations : une vente et une constitution de dot. Le mari devient propriétaire des objets mobiliers comme s'il les avait achetés ; mais, le prix de ces objets, résultant de l'estimation, il ne le paie pas ou plutôt, il est censé, après l'avoir payé, l'avoir reçu de nouveau à titre de dot. Ce dont plus tard il sera débiteur, ce ne sera plus du prix de la vente, mais de la dot en argent qu'il aura reçue. Envisageant les choses de la façon que nous venons d'indiquer, M. Colmet de Santerre est conduit à ne plus voir, dans la femme qui

1. VI, n° 224 *bis*.

réclame la restitution de la dot, une vendeuse. Il lui refuse, par conséquent, le privilège. La femme dotale sera uniquement protégée par les garanties légales attachées à la restitution de la dot. Tout cela, comme nous le disions, est bien subtile. La loi dit « estimation vaut vente ». Pourquoi chercher si loin et ne pas dire simplement que le mari, débiteur des objets mobiliers, est dans la situation d'un acheteur ?

La jurisprudence tranche la question dans notre sens (1). Notons, comme un argument de plus en faveur de l'adoption du privilège, le droit romain (2) qui, dans le cas dont il s'agit, accordait formellement à la femme l'action *ex vendito,* la considérait, par conséquent, comme vendeuse. Maintenant, que le privilège du vendeur est reconnu par nos lois, nous ne faisons que suivre une vieille tradition en permettant à la femme de l'exercer. Nous lui appliquons simplement les garanties qui sont un apanage de sa situation de vendeuse.

Toujours par application de cette idée que pour qu'il y ait privilège, il faut vente, nous refuserons le privilège au coéchangiste. On pourrait être tenté de l'accorder sous ce prétexte que l'échange, dit l'article 1707, obéit aux règles de la vente. Ce serait prendre cet article dans un sens trop absolu ; il renvoie aux principes de la vente pour ce qui concerne les rapports contractuels, mais non pas pour ce qui concerne les rapports entre les parties et les tiers. Or le privilège est un droit accordé contre les tiers. D'ailleurs, le privilège n'est pas réglementé au

1. S. 48. II, p. 557.
2. Loi 10 au Code *de jure dotium.*

titre de la vente, auquel renvoie évidemment l'article 1707, mais au titre des privilèges et hypothèques.

L'acheteur à réméré ne saurait non plus avoir le privilège, lorsque le pacte de rachat est exercé, pour le paiement du prix que le vendeur doit lui restituer. En effet, lorsque le vendeur exerce le réméré, il n'y a pas un acte nouveau, mais la résolution d'un acte antérieur. S'il n'y a pas de vente, il ne peut être question de privilège.

Terminons par une dernière observation ce qui concerne cette première condition d'existence du privilège. Le donateur de meubles avec charges, ne pourra pas non plus se prévaloir du privilège sur le meuble donné pour exiger l'exécution des charges imposées par la donation. La donation avec charges, si elle est un contrat à titre onéreux, n'est pas pour cela une vente. La loi hypothécaire belge de 1851, trouvant digne d'intérêt la situation du donateur, lui a accordé le privilège que notre Code lui refuse ; mais, elle a restreint cette faveur au donateur d'immeubles. Le donateur de meubles reste toujours dépourvu de toute garantie de cette nature (1).

§ 2. — *La vente doit avoir pour objet des effets mobiliers.*

Les créances privilégiées, dit l'article 2102, sont :

4° Le prix d'effets mobiliers non payés.

1. Toutes les questions que nous venons de signaler sur le point de savoir s'il faut étendre le privilège au coéchangiste, à l'acheteur à réméré, au donateur avec charges, se sont présentées dans la pra-

L'expression *effets mobiliers* est la plus large dont puisse se servir le Code. D'après l'article 535 elle comprend tout ce qui est censé meuble et, par suite, s'entend aussi bien des meubles incorporels (article 529) que des meubles corporels.

Ce caractère de généralité que nous reconnaissons à la dénomination d'effets mobiliers lui a pourtant été contesté par Persil et par Laurent (1), pour lesquels effets mobiliers ne s'entendrait que des meubles corporels. Laurent à l'appui de son opinion donne une série d'arguments qui ne nous paraissent guère convaincants et que nous allons indiquer pour les réfuter.

En premier lieu, dit cet auteur, l'intitulé du § 2 : « *privilèges sur certains meubles* » est une preuve que le privilège ne grève que des objets corporels déterminés. Oui, c'est une preuve qu'il ne grève que des objets déterminés, mais pourquoi plutôt des objets corporels qu'incorporels.

En second lieu, dit Laurent, la loi exige pour la conservation du privilège la possession du débiteur ; or la possession ne se conçoit, pour les choses incorporelles, qu'à certaines conditions que le législateur aurait déterminées s'il avait voulu que l'art. 2102-4°, s'appliquât à cette catégorie de biens. Nous répondrons que la loi n'avait pas à indiquer les conditions de la possession des

tique, mais, seulement en matière immobilière. La jurisprudence les a résolues dans notre sens (Voir Dalloz au mot Privilèges, n°s 429 à 435). Ces diverses hypothèses pourraient tout aussi bien se présenter à propos d'une vente de meubles, c'est pourquoi nous avons cru utile de les noter brièvement ici.

1. Persil, *Questions*, tome I, chap. III ; Laurent, XXIX, n° 474.

créances, il n'y a à cet égard, qu'à appliquer l'article 1690 qui est le droit commun de la matière.

De plus, ajoute-t-on, dans l'article 2102, 1° le mot *meubles*, cela résulte des termes : « tout ce qui garnit la maison ou la ferme » veut dire bien corporel. C'est là, en effet, une vérité incontestable mais qui ne préjuge en rien la solution de la question. Si la loi, dans l'art. 2102-1°, a envisagé l'expression meubles d'une façon restrictive est-ce une raison pour donner le même sens aux mots effets mobiliers du 4° de ce même article ? On n'en a pas le droit en présence de l'article 535.

Nous sommes toujours ramenés à cet article 535. Les termes en sont très nets. Il ne faut pas hésiter à l'appliquer pour le commentaire de l'article 2102-4°. La loi s'est donné la peine d'établir une définition du mot effets mobiliers, c'est apparemment pour que, dans le doute, on s'y reporte. Nous admettrons donc, en cela d'accord avec la presque unanimité des auteurs (1) et la majorité de la jurisprudence (2), que l'expression effets mobiliers, conformément à l'article 535, comprend tout ce qui est censé meuble, que, par suite, le privilège appartient au vendeur de meubles corporels comme au vendeur de meubles incorporels. Nous reconnaîtrons, en vertu de ces principes, l'existence du privilège au cas d'une cession de créances, d'une vente d'office, d'une vente de fonds de commerce.

1. Aubry et Rau, tome III, § 261, p. 152 ; Colmet de Santerre, IX, n° 355 ; Guillouard, *Privilèges et hypothèques*, I, p. 431 ; Baudry-Lacantinerie, III, n° 1112 ; Thézard, n° 355.

2. Voir Dalloz, au mot Privilèges, nos 334 et suiv. et supplément, n° 163.

Ces deux dernières hypothèses ont soulevé des contestations intéressantes à étudier et qui seront examinées par nous à leur place.

§ 3. — *La chose doit être en la possession du débiteur.*

Cette dernière condition, nécessaire pour que le privilège existe au profit du vendeur d'effets mobiliers, est mentionnée dans l'art. 2102-4°, qui exige pour l'exercice du privilège « la possession du débiteur ».

Ce n'est là qu'une application du droit commun, du principe posé par l'article 2110 que les meubles n'ont pas de suite par hypothèque, principe qui n'est lui-même qu'une conséquence de la règle en fait de meubles possession vaut titre.

De tout ceci, nous conclurons que le privilège pourra être opposé à tout tiers possesseur qui ne pourra invoquer l'article 2279, c'est-à-dire qui sera de mauvaise foi (1) ou, de bonne foi, la chose ayant été perdue ou volée, sauf l'exception de l'article 2280.

Du principe que la chose doit être en la possession du débiteur pour que l'exercice du privilège soit permis, on peut déduire les conséquences suivantes :

1° L'acheteur a conservé la propriété de l'objet vendu, mais, il a loué cet objet, l'a prêté, ou bien encore l'a déposé chez un tiers ; le privilège doit subsister. L'a-

1. La mauvaise foi consiste ici dans la connaissance que le tiers a eu au moment du contrat de l'existence du privilège.

cheteur possède bien, en effet, les deux éléments de la possession se trouvent réunis sur sa tête. Pour employer les expressions romaines, il a le *corpus* et il possède *corpore alieno*.

2° L'acheteur a revendu et livré. Aucune difficulté ne peut s'élever. Nous sommes en présence d'un acheteur qui ne possède plus. Le privilège tombe.

3° L'acheteur a revendu mais non encore livré. Nous pensons qu'en ce cas, le privilège pourra être exercé par le vendeur. Si l'article 2102 exige que les effets soient en la possession du débiteur, c'est par application de l'article 2279. Le privilège ne pourra plus être exercé toutes les fois que le tiers acquéreur pourra se prévaloir de la maxime *en fait de meubles possession vaut titre*. Or, dans l'hypothèse en question, l'acheteur n'ayant pas livré, le tiers n'a pas la possession réelle exigée par l'article 2279. Il ne peut, en invoquant ce titre, écarter l'exercice du privilège. Au sens strict du mot, on peut bien dire que l'acheteur ne possède plus, il a vendu, il a perdu l'*animus domini*; mais, si on se reporte aux vrais motifs de l'article 2102, si l'on ne voit dans cet article qu'une application de l'article 2279, il faut alors considérer celui qui a vendu, mais non pas livré, comme possédant encore selon l'article 2102 et admettre, en conséquence, le vendeur à exercer son privilège (1).

Faut-il, appliquant à la lettre le principe que la chose

1. Voyez en sens contraire, Aubry et Rau, III, § 261, texte et note 62, p. 153 et 154; Laurent, XXIX, n° 479. En notre sens, Guillouard, *Privilèges*, I. p. 434; Troplong, I, n° 184; Baudry-Lacantinerie et de Loynes, I, n° 495.

doit être en la possession du débiteur, en déduire que le privilège ne pourra pas s'exercer sur le prix de la revente faite à l'amiable ? Nous ne le pensons pas. Ce serait mal entendre la loi. Le privilège suppose forcément, pour être rendu pratique, la réalisation du gage, le vendeur fait saisir le bien et se paie, par préférence, sur le prix obtenu à la suite de cette vente forcée. Personne n'a jamais pensé que l'article 2102 fasse obstacle à un pareil résultat. Ce serait absurde ! Mais alors, pourquoi faire une différence entre la vente à l'amiable et la vente forcée ? Il n'y a pas de raison de distinguer et il faut admettre que dans tous les cas, le vendeur pourra se payer sur le prix de la chose. Cette solution que nous admettons permet au vendeur d'éviter les inconvénients qui résultent pour lui de la perte du privilège au cas où l'acheteur a revendu et livré. Le privilège pouvant s'exercer sur le prix, le vendeur, si le prix de la deuxième vente n'est pas encore payé, pourra saisir-arrêter le prix entre les mains du second acheteur. Ce droit pour le vendeur de se payer sur le prix de la revente a été consacré par la jurisprudence à propos des cessions d'office (1). D'ailleurs, en matière d'offices, il faut en venir là si on ne veut mettre à néant le privilège, car, comme nous le verrons plus tard, on ne peut recourir à la vente forcée. Il a été jugé de même qu'au cas d'une vente de fonds de commerce, le vendeur a privilège sur le prix alors même que le fonds est sorti des mains de l'acquéreur à la suite

1. Cass., 16 février 1831, S. 31. I. 74 ; Paris, 1er déc. 1840, S. 45. II. 560 ; Amiens, 27 août 1844, S. 45. II. 561 ; Cass., 13 juin 1853, S. 53. I. 497.

d'une revente faite à l'amiable. Le prix, dit l'arrêt, représente le fonds (1). Si l'on admet, avec l'arrêt, cette subrogation de la créance du prix à la chose, on peut dire que l'acheteur est en possession tant qu'il n'a pas reçu le prix. C'est peut-être exagéré; il n'est pas besoin de recourir à cette idée de possession pour expliquer comment le privilège peut porter sur le prix de la vente à l'amiable. C'est là une conséquence toute naturelle des principes sur le mode de réalisation des privilèges (2).

Nous remarquions, à l'instant même, qu'on ne peut recourir, au cas d'une vente d'office ministériel, à la vente forcée ; il est intéressant d'en rechercher les motifs. Le privilège s'exerce ici d'une façon spéciale à raison de ce fait que l'office n'est pas dans le commerce. Lorsqu'on parle d'une vente d'office, ce n'est pas la charge elle-même qui est vendue. Ce qui fait l'objet du contrat, c'est la valeur vénale de l'office, la faculté de percevoir les bénéfices, certains auteurs disent, le droit de présentation. C'est inexact à notre avis. Le droit de présentation n'est qu'un moyen de transmission, il ne fait pas l'objet de la vente. Lorsque les parties se sont entendues sur tous les points, notamment sur le prix, comme le gouvernement seul a le droit d'investir le nouveau titulaire, les parties s'adresseront à lui, le cédant présentera son successeur à l'agrément de l'autorité. C'est par ce droit de présentation ainsi exercé en vue de l'acceptation du cessionnaire

1. Trib. Seine, 30 juill. 1825, D. au mot Privilèges, n° 328.

2. Pour les auteurs sur la question, consulter Guillouard, I, nos 391 et suiv. ; Colmet de Santerre, IX, n° 32 *bis* ; Baudry-Lacantinerie et de Loynes, I, n° 497 ; Laurent, XXIX, n° 480. Voir aussi documents relatifs au régime hypothécaire, III, n° 316.

que la vente recevra sa consécration définitive. Il est manifeste, si l'on envisage ainsi l'opération intervenue entre les parties, que le droit de présentation n'est qu'un moyen de transmission, la chose transmise est la faculté de percevoir les bénéfices (1). Ces principes posés ; comment va-t-on exercer le privilège ? On ne peut concevoir le vendeur d'office non payé saisissant cet office, le vendant et se payant sur le prix de la vente forcée. Il ne le peut, l'office est hors du commerce. Comment va-t-on rendre pratique l'exercice du privilège ? Le vendeur d'office non payé attendra que son acheteur revende à son tour et, il exercera le privilège sur le prix de la revente. Nous comprenons maintenant pourquoi, si l'on veut admettre le privilège en matière de cession d'offices, on est tenu de le reporter toujours sur le prix de la revente faite à l'amiable. Nous avons vu que la jurisprudence était presque unanime à le décider ainsi, nous disons, presque unanime, car on pourrait citer un arrêt de la cour de Nancy (2) d'après lequel, l'article 2102, qui exige la possession du débiteur pour l'exercice du privilège, empêche de reporter ce privilège sur le prix de la revente faite à l'amiable. Nous n'avons pas à combattre cette fausse interprétation de la loi, nous nous sommes suffisamment étendus sur ce point dans les explications qui précèdent.

1. En pratique, on peut bien dire que l'office lui-même est dans le commerce, car comme le gouvernement nomme toujours le titulaire qui lui est présenté, c'est bien la charge elle-même en définitive qui est vendue.

2. S. 1850. II. 285.

Il va sans dire que le privilège ne pourrait plus être exercé sur le prix d'une deuxième ou troisième revente. Si l'on admettait la solution contraire, on se mettrait réellement en opposition avec l'article 2102 qui exige la possession du débiteur. Le cessionnaire immédiat, le débiteur dans le sens de notre article, ne possède plus au moment de la deuxième cession.

L'étude de cette troisième condition exigée par la loi pour l'exercice du privilège « la possession du débiteur » a soulevé d'intéressantes questions en matière de vente de fonds de commerce. Le fonds de commerce est une chose incorporelle, il rentre donc dans l'expression *effets mobiliers* de l'article 2102 si l'on entend cet expression dans le sens large qu'elle comporte. Mais il y a pourtant des raisons sérieuses de douter de l'existence du privilège, au cas de vente d'un fonds de commerce. Deux objections se présentent à l'esprit.

Lorsque la vente porte uniquement sur l'achalandage, peut-on dire, étant donnée la nature spéciale de l'objet du contrat, qu'il y ait là une assiette suffisante à l'exercice du privilège ? Lorsque la vente, outre l'achalandage, comprend des marchandises, faut-il considérer ces marchandises qui se remplacent les unes les autres, comme formant un ensemble sur lequel le vendeur, malgré les transformations qu'il subit, peut exercer son privilège ou bien, faut-il au contraire envisager ces marchandises individuellement et alors décider, appliquant l'article 2102, que le vendeur du fonds ne sera admis à exercer son privilège qu'autant que les marchandises qu'il prétend saisir sont les mêmes que celles qui existaient au moment de la vente ?

Envisageons d'abord le cas où la vente porte uniquement sur l'achalandage. L'achalandage, ce sont les relations qui existent entre le public et un établissement commercial, ce qu'on appelle dans l'usage la clientèle. On voit, par cette définition, que l'achalandage constitue la partie essentielle du fonds qui ne se comprend pas sans lui ; on voit aussi que c'est là un bien d'une nature toute spéciale, et c'est de ce caractère *sui generis* de l'objet du contrat que sont nées toutes les difficultés. La Cour de Paris (1) a refusé au vendeur d'un fonds de commerce le privilège « par suite de la nature essentiellement variable et confuse du fonds ». La théorie de la Cour d'appel se retrouve, complétée, dans les motifs du Tribunal de commerce de la décision duquel appel avait été interjeté. L'achalandage, dit ce tribunal, s'il peut être considéré comme un bien meuble et incorporel, se compose de parties distinctes qui se renouvellent et changent chaque jour. La preuve en est, dit-on en l'espèce, que le même achalandage, qui s'était vendu 64.000 fr., s'est revendu plus tard, sur adjudication, seulement 10.050 fr. L'article 2102, qui exige la possession du débiteur, alors même que l'on considérerait le fonds comme effet mobilier s'oppose à l'admission du privilège. Cette opinion du Tribunal de commerce, confirmée par la Cour de Paris est restée isolée. La jurisprudence se prononce presque unanimement en sens contraire et la Cour de Paris, revenue

1. S. 33. II. 594.

plus tard à une doctrine plus saine (1) a décidé avec raison que le vendeur non payé d'un fonds de commerce pourrait exercer le privilège. La clientèle, il est vrai, est mobile puisqu'elle dépend des habitudes et même, du caprice des individus ; mais, elle forme un tout indivisible ayant une vénale valeur qui, s'il se modifie dans ses parties, reste un dans son ensemble. Il y a là une universalité de fait qui est possédée par l'acheteur du fonds et sur laquelle, par suite, peut s'appuyer le privilège (2).

Il nous reste à résoudre la deuxième question que nous nous sommes posée plus haut : le cas où la vente outre l'achalandage comprend des marchandises. Nous avions posé la question en ces termes : « Faut-il considérer les marchandises qui se remplacent les unes les autres, comme formant un ensemble sur lequel le vendeur, malgré les transformations qu'il subit, peut exercer son privilège ou bien faut-il, au contraire, envisager ces marchandises individuellement et décider, appliquant l'article 2102, que le vendeur du fonds ne sera admis à exercer son privilège qu'autant que les marchandises qu'il prétend saisir sont les mêmes que celles qui existaient au moment de la vente ? » Nous pensons que la question doit se résoudre par une distinction. Le vendeur du fonds peut se trouver en conflit avec deux catégories de créanciers, les créanciers chirographaires du fonds dont le droit de gage porte sur les marchandises, et les vendeurs non payés des marchandises qui sont venues remplacer dans le fonds

1. S. 35. II. 87 et D. 74. II. 24. Voir aussi dans le même sens, Riom, 20 mars 1879, S. 80. II. 195 et D. 80. II. 4.

2. Dans notre sens, Lyon-Caen et Renault, *Droit commercial*, III, n° 250.

celles qui s'y trouvaient lors de la vente, vendeurs qui, en vertu de l'article 2102, ont privilège sur ces marchandises. Eh bien ! Le vendeur primera les créanciers chirographaires, mais il sera primé par les vendeurs non payés qui pourront l'écarter pourvu qu'ils prouvent que les marchandises qu'ils prétendent saisir sont bien celles qu'ils ont vendues. Mais, peut-on nous objecter, de deux choses l'une. Ou vous admettez la subrogation des marchandises les unes aux autres et alors, le vendeur du fonds de commerce, conservant son privilège, doit primer tout créancier quel qu'il soit, ou bien, au contraire, vous envisagez chaque marchandise individuellement, en ce cas, également sans aucune distinction, le vendeur doit perdre son privilège dès que la marchandise a été remplacée. Nous croyons notre solution parfaitement acceptable. Nous allons essayer de la justifier. Nous admettons la subrogation des marchandises les unes aux autres; les marchandises doivent être envisagées dans leur ensemble et considérées comme se remplaçant mutuellement. Telle est notre point de départ. Acceptant cet idée de subrogation, nous déciderons que le privilège du vendeur doit exister malgré les remplacements successifs qui peuvent se produire. Le vendeur primera donc les créanciers chirographaires. Mais qui ne voit que la situation est toute autre lorsque le vendeur se trouve en conflit avec ceux auxquels le débiteur a acheté de nouvelles marchandises qu'il n'a pas payées ? Vis-à-vis de ces derniers on ne peut dire qu'il y ait subrogation car les marchandises n'entrent définitivement dans le patrimoine de l'acheteur qu'une fois les vendeurs désintéressés. « La pensée de toutes les législations, dit M. Guillouard, a été que le vendeur d'effets mobiliers devait être assuré que le prix de ses objets lui serait payé et que tout lien n'était pas rompu entre lui et l'objet vendu jusqu'au paiement ; la loi romaine le garantissait en le réputant propriétaire de cet objet jusqu'au paiement, le droit actuel en présumant que, s'il a consenti à cesser d'être propriétaire, il a voulu au moins réserver un droit réel sur la chose aliénée ». Comme le dit l'auteur à qui nous venons d'emprunter ce passage (1), le bien vendu entre dans le patrimoine de l'acheteur grevé du privilège du vendeur, par suite celui qui a cédé le fonds de commerce ne peut se payer sur le prix de la chose, au préjudice de ce vendeur. Admettre la solution contraire, ce serait d'ailleurs ne pas tenir compte du motif d'équité sur lequel est basé le privilège. La marchandise vendue mise dans le patrimoine de l'acheteur par le vendeur, celui-ci a le droit de se payer sur son prix avant les autres créanciers y compris le cédant du fonds de commerce, qui autrement s'enrichirait à ses dépens (2).

Ainsi, nous permettrons au vendeur du fonds de commerce d'exercer son privilège sur les marchandises à l'égard des créanciers chirographaires de l'acheteur ; nous

1. *Privilèges*, I, p. 428.

2. Au cas où il y aurait seulement vente de marchandises sans achalandage, ce ne serait plus une vente de fonds de commerce, mais bien une vente ordinaire de marchandises. Ces marchandises, dès lors, ne pourraient plus être envisagées comme se subrogeant les unes aux autres, ce qui aboutirait à la perte du privilège *à l'égard de tous*, au cas de remplacement depuis le contrat.

lui refuserons ce droit à l'égard des vendeurs non payés, pour ce motif, que, vis-à-vis de ces derniers, il n'y a pas de subrogation possible tant qu'ils ne sont pas désintéressés et que de plus, il serait contraire au principe même d'équité sur lequel est basé le privilège de laisser passer avant eux le vendeur du fonds.

Section II. — Causes d'extinction du privilège.

On peut ramener à quatre les causes d'extinction du privilège du vendeur d'effets mobiliers. Ce sont :

1° La transformation matérielle de la chose telle qu'on ne puisse plus la reconnaître.

2° La perte de l'objet sur lequel porte le privilège.

3° L'immobilisation par nature. Se demander à ce propos quelle est l'influence de l'immobilisation par destination sur la conservation du privilège.

4° La faillite ou la liquidation de l'acheteur.

Chacune de ces causes d'extinction fera l'objet d'un paragraphe spécial sauf la faillite dont nous réserverons l'étude pour notre partie commerciale.

§ 1. — *Transformation matérielle de la chose.*

Le privilège tombe lorsque la chose a subi de telles transformations qu'on ne peut plus la reconnaître. Cette cause d'extinction n'est pas écrite dans nos lois, mais elle découle logiquement de l'article 2102. Ce texte, en décidant que le bien doit être encore en la possession du débiteur au moment où le privilège est exercé, suppose nécessairement par là qu'il faut pouvoir reconnaître dans la chose qui se trouve entre les mains de l'acheteur au moment où le vendeur fait valoir son privilège, celle qui a fait l'objet du contrat. Au cas de revendication, nous avons un texte formel, l'article 2102, § 4, al. 2, qui exige que la chose revendiquée soit dans le même état. C'est un souvenir de la règle *Res extinctae vindicari non possunt*. En matière de privilège, il suffira simplement que la chose soit reconnaissable de telle sorte qu'aucun doute ne puisse s'élever sur son identité. C'est ainsi, pour donner quelques exemples, qu'il a été jugé avec raison, qu'en matière de fonds de commerce, il n'était pas nécessaire, pour avoir droit au privilège, que le fonds se retrouve dans le même état entre les mains de l'acheteur. Tant que le fonds existe aucun doute n'est possible sur son identité (1). Si, au contraire, on suppose, l'exemple est emprunté à Pothier, un brasseur qui achète du houblon et le transforme en bière ; ici, il est impossible de reconnaître la chose, aussi le privilège tombe. On pourrait multiplier les hypothèses à l'infini. C'est au juge à apprécier, pour chaque cas particulier, si la chose est ou non reconnaissable, s'il faut, par suite, admettre ou refuser le privilège.

1. 2 janv. 1838, S. 38. I. 259.

§ 2. — *Perte de l'objet du privilège.*

C'est un principe de raison ; le privilège ne peut pas exister sans objet, il s'éteint nécessairement quand la chose, sur laquelle il portait, vient à disparaître.

Cependant, la règle d'après laquelle le privilège s'éteint avec la chose sur laquelle il porte souffre, depuis la loi du 19 février 1889, une exception remarquable au cas où la chose se trouve assurée. Le privilège est alors reporté sur l'indemnité due par la compagnie d'assurances et le vendeur se paiera à son rang sur cette indemnité.

Il semble qu'il y ait les mêmes motifs d'équité pour admettre qu'au cas d'expropriation pour cause d'utilité publique d'un fonds de commerce, le vendeur non payé pourra exercer son privilège sur l'indemnité d'expropriation, ou plutôt, sur la part de cette indemnité afférente aux droits que l'exproprié tenait de son cédant. La question s'est présentée pour la première fois en pratique en 1872 et a été résolue en ce sens par la Cour de Paris. C'est d'ailleurs une application très simple du principe posé par la loi du 3 mai 1841 d'après laquelle les droits réels existant sur le bien sont reportés de la chose expropriée sur l'indemnité d'expropriation (1).

Le principe que le privilège du vendeur d'effets mobiliers est éteint par la perte de la chose sur laquelle il porte soulève d'intéressantes applications en matière de cession d'office ministériel.

1. 11 juin 1872, S. 72. II. 164.

Au cas de destitution d'un officier ministériel, une indemnité est payée par le nouveau titulaire ; celui qui avait vendu la charge à l'officier destitué et n'est pas encore payé, peut-il exercer son privilège sur cette indemnité? La Cour de cassation a résolu négativement la question, sa doctrine est bien assise à cet égard et consacrée par de nombreux arrêts (1). La Cour de Paris qui, dans un premier arrêt (2), s'était écartée de la théorie de la Cour suprême y est revenue postérieurement. La jurisprudence est donc, on peut le dire, presque unanime à décider que, au cas de destitution, le privilège ne saurait être exercé sur l'indemnité payée par le nouveau titulaire. Ce système de la jurisprudence est d'ailleurs adopté par certains auteurs (3). Quels sont les arguments qu'on a fait valoir en faveur de la thèse soutenue par la Cour de cassation ? On les ramène à deux chefs.

Premier argument. — C'est l'argument invoqué par MM. Baudry-Lacantinerie et de Loynes dans leur traité des privilèges et hypothèques. Le privilège porte sur la valeur vénale du droit de présentation ; or, dans le cas de destitution, le droit de présentation est perdu, donc le privilège s'éteint par la perte de l'objet. Ce privilège, ajoutent ces auteurs, ne peut de plus être reporté sur l'indemnité qui ne saurait être la représentation pécuniaire d'un droit qui n'existe plus.

1. Cass., 7 juillet 1847, D. 47. 1. 257 ; Cass., 13 fév. 1849, D. 49. 1. 40 ; Cass., 26 mars 1849, D. 49. 1. 83 ; Cass., 1849. 1 102.

2. 9 janvier 1851, D. 51. II. 69.

3. Baudry-Lacantinerie et de Loynes, I, n° 516 ; Aubry et Rau, § 261, texte et note 73.

Cet argument ne nous semble pas très convaincant. Nous l'avons dit (1), ce qui fait l'objet de la vente, c'est la faculté de percevoir les bénéfices que procure la clientèle attachée au titre ; le droit de présentation n'est qu'un moyen de transmission, le cédant présente à l'autorité son successeur pour que celle-ci agréée, consacre ce qui a été convenu entre les parties. Dans le cas où la destitution a été prononcée, ce qui est anéanti, c'est bien sans doute le droit de présentation puisque le nouveau titulaire est nommé directement. Mais, que nous importe ! Nous savons qu'il ne fait pas l'objet du contrat. Le véritable objet de la vente, la faculté de percevoir les bénéfices, reste, au contraire, parfaitement intact. La chose en un mot, subsiste, le privilège ne tombera pas.

Reste à savoir s'il peut porter sur l'indemnité ? Oui, si elle représente la valeur de la chose ; non, si c'est un dédommagement accordé aux créanciers du destitué parce qu'ils ont dû compter sur la valeur de cet office et voient leur gage diminué par la destitution de leur débiteur. MM. Baudry-Lacantinerie et de Loynes, partant de ce principe que le privilège est éteint par la perte de la chose, en concluent que l'indemnité ne peut être la représentation pécuniaire d'un droit qui n'existe plus. Nous croyons que la question doit être résolue autrement et nous voyons dans l'indemnité une représentation de la valeur de l'office. Et pourquoi d'abord l'indemnité ne saurait-elle être la représentation pécuniaire d'un droit qui n'existe plus ? Probablement, si nous saisissons

1. Voir, à ce propos, ce que nous avons dit des cessions d'offices à la page 107.

bien la pensée de ces deux auteurs, parce que, si le droit n'existe plus, on ne peut dire qu'il y a eu vente, l'indemnité n'implique plus l'idée d'un prix de vente, elle ne remplace pas la chose perdue dans le patrimoine du débiteur, elle entre par suite, dans la masse commune sans aucune charge et devient le gage commun des créanciers. Mais nous ne voyons vraiment pas, alors même que l'on admet, avec MM. Baudry-Lacantinerie et de Loynes, que la chose a péri, que, par suite, il n'y a pas eu vente, nous ne voyons pas en quoi cela empêcherait l'officier destitué d'avoir droit à l'indemnité et cette indemnité de venir remplacer dans le patrimoine du destitué la valeur de l'office. La loi de 1889 admet parfaitement la subrogation de l'indemnité à la chose assurée ; cette façon d'envisager les choses a paru équitable et naturelle à tout le monde. En un mot, même en admettant que la destitution entraîne la perte de la chose, on peut parfaitement voir dans l'indemnité une *indemnité-prix* pour employer l'expression si frappante de Duvergier. Nous pensons que la chose, objet du privilège, est, non le droit de présentation, mais la valeur vénale de l'office que la destitution ne peut pas atteindre. Seulement, au cas de destitution, la valeur vénale de l'office n'est plus transmise par le cédant au cessionnaire, le gouvernement jouant le rôle d'intermédiaire par l'agrément qu'il donne au nouveau titulaire ; elle est directement transmise au cessionnaire par l'autorité elle-même. Il y a toujours vente, vente forcée sans doute, mais ce n'en est pas moins une vente. L'indemnité qui sera versée par le cessionnaire aura tous les caractères du prix. Au surplus, nous en trouverions une preuve dans la loi du 25 juin 1841, qui tarife du droit de 2 0/0 les indemnités payées au titulaire après destitution ; or seules, les indemnités qui tiennent lieu d'une chose sont soumises à ce droit, les autres étant atteintes d'un droit (1) de 0 fr. 50 p. 0/0. La loi de 1841 a donc considéré l'indemnité qui nous occupe ici comme une *indemnité-prix*. Ajoutons qu'il serait injuste que le vendeur qui n'est pas payé ne puisse rentrer dans ses fonds sur l'indemnité par préférence aux autres créanciers du destitué. En définitive c'est grâce à lui que l'indemnité entre dans le patrimoine du cessionnaire, il est de toute équité qu'elle lui soit réservée.

Tout nous porte, en résumé, à croire que, au cas de destitution d'une part, le privilège ne tombe pas et que, d'autre part, l'indemnité représentant la valeur de l'office, il est reporté sur elle.

Deuxième argument. — Même, en admettant que la chose objet du privilège ne soit pas éteinte au cas de destitution, il faut, quand même, dit la Cour de cassation, repousser l'exercice du privilège. Et, en effet, l'article 2102 exige la possession du débiteur; or, s'il y a destitution, le titulaire perd la possession, donc le privilège ne peut plus être exercé. Sans doute, l'article 2102 exige, comme condition d'existence du privilège, la possession du débiteur ; mais toute la question est de savoir

1. Championnière, *Traité des droits d'enregistrement*, n°s 1383 et suiv.

ce qu'il faut entendre par là et comment il faut comprendre ce texte. Il est une application, nous avons déjà eu, maintes fois, l'occasion de le répéter, de la maxime en fait de meubles possession vaut titre. Il faut donc supposer, pour faire obstacle à l'exercice du privilège, un tiers en état d'invoquer l'article 2279. Eh bien, le seul fait de la destitution ne confère à aucun tiers pareil droit. Il n'y a dépossession du débiteur que quand le nouveau titulaire est nommé par le gouvernement, mais alors l'indemnité, nous l'avons dit, vient représenter, dans le patrimoine du destitué, la valeur de l'office. Le privilège, au moment où la dépossession du cessionnaire allait le faire tomber, est reporté sur l'indemnité (1).

Nous avons envisagé le sort du privilège au cas de destitution, examinons ce que devient ce privilège au cas de démission? Tout le monde est d'accord pour reconnaître, qu'au cas de démission volontaire, le privilège portera sur l'indemnité que le nouveau titulaire paiera à l'ancien. Et, en effet, alors l'indemnité est nécessairement représentative de la valeur de l'office.

Doit-il en être de même au cas de démission forcée? La Cour de cassation fait une distinction. Le gouvernement, en acceptant la démission, a-t-il entendu conserver au titulaire la valeur de sa charge; la valeur ayant été laissée dans le patrimoine du démissionnaire, la somme, dont le paiement a été imposé au nouveau titulaire est la représentation de cette valeur et, comme telle, affec-

1. Voir sur toute cette discussion, le remarquable article de Duvergier, dans le *Journal de Droit* du 2 avril 1853.

tée au privilège. Cette solution (1), conforme aux principes, est acceptée par tous les auteurs (2).

Lorsqu'au contraire, le gouvernement a voulu dépouiller le titulaire de la valeur de sa charge, le démissionnaire n'a plus alors l'office que sa destitution lui a fait perdre ; le privilège du cédant tombe parce qu'il manque de base. La Cour assimile ce cas de démission forcée avec le cas de destitution. Dans les deux hypothèses, elle refuse le privilège. Nous ne croyons pas exacte cette théorie de la Cour suprême ; nous inclinons à penser que le privilège subsiste, que, de plus, il peut porter sur l'indemnité. Ce sont les mêmes raisons qu'au cas de destitution qui nous font croire ici au maintien du privilège, aussi nous nous bornerons à rappeler brièvement les arguments que nous avons admis précédemment en faveur de notre doctrine :

1° La démission forcée, pas plus que la destitution, n'entraîne la perte de la chose. La valeur vénale de l'office, objet de la garantie du vendeur subsiste toujours. De plus, puisqu'il y a vente, l'indemnité versée par le nouveau titulaire revêt tous les caractères d'un prix de vente et, comme telle, est affectée au privilège.

2° Alors même que le gouvernement, dans son acte d'acceptation, a voulu dépouiller le titulaire de ses fonctions, celui-ci n'en continue pas moins à posséder selon l'article 2102. Aucun tiers, par le seul fait de la démission, ne peut invoquer contre l'exercice du privilège la maxime en fait de meubles possession vaut titre et, quand il le

1. Cass., 30 août 1854, D. 54. I. 286.

2. Baudry-Lacantinerie et De Loynes, *Privilèges et hypothèques*, I, p. 406 ; Aubry et Rau, III, p. 161, § 261, texte et note 74.

pourra, après la nomination du nouveau titulaire, le privilège se trouvera, à l'instant même de cette nomination, reporté sur l'indemnité.

Que décider enfin au cas de suppression d'office ? Les titulaires des offices conservés doivent payer une indemnité au titulaire de l'office supprimé ou à ses héritiers. La question qui se pose est celle de savoir si le paiement de cette indemnité sera garanti par le privilège. Deux hypothèses sont à distinguer.

Un traité de cession est intervenu entre le titulaire de l'office supprimé ou ses héritiers et les titulaires des offices conservés ; en ce cas, le privilège subsiste et garantit le paiement de l'indemnité à payer par les officiers qui conservent leur charge. Qu'on n'aille pas dire que la suppression de l'office équivaut à la perte de la chose et entraîne, en conséquence, l'extinction du privilège. Ce serait confondre l'office qui n'est pas dans le commerce et la valeur vénale de l'office. Celle-ci subsiste toujours, elle a été, en l'espèce, cédée aux titulaires des offices conservés ; le contrat qui est intervenu est une vente ; l'indemnité en est le prix et, comme telle, son paiement est garanti par le privilège.

Que si la suppression est spontanée de la part du gouvernement, sans qu'il soit intervenu aucun traité de cession, un arrêt de la Cour de Rouen (1), nous dit qu'il n'y a aucune assimilation possible entre ce cas et le précédent. « La suppression spontanée, lit-on dans les considérants, est une mesure qui fait périr le droit de transmission entre les mains du titulaire qu'elle atteint, qui

1. D. 1859. 1. 262.

anéantit ainsi tout privilège du vendeur et, qui ne laisse que le caractère d'une indemnité équitablement accordée, en faveur de qui de droit, aux conditions pécuniaires imposées par le gouvernement à la personne ou à la corporation qui profite de la mesure ».

C'est toujours, selon nous, confondre le moyen de transmission, le droit de présentation, avec la chose transmise, la valeur vénale de l'office. Cette dernière subsiste toujours, elle ne peut être atteinte par les différentes transformations que peut subir la charge ; de son essence, elle est impérissable. Seulement, lorsqu'aucune cession n'est intervenue entre les parties, au lieu de se trouver entre les mains des titulaires conservés à la suite d'une vente volontaire, elle a été en réalité l'objet d'une vente forcée opérée par le gouvernement. L'indemnité est le prix de cette vente et est atteinte, en cette qualité, par le privilège.

Tous ces développements que nous venons de consacrer à l'étude du sort du privilège au cas de destitution, de démission, ou de suppression d'un officier ministériel, peuvent se ramener aux propositions suivantes qui résument toute la matière :

1° Au cas de destitution, démission ou suppression, la valeur vénale de l'office qui est bien l'objet du privilège subsiste. Ce dernier ne s'éteint donc pas par la perte de la chose.

2° La destitution, la démission, la suppression, n'entraînent pas non plus la dépossession du débiteur dans le sens dans lequel ce mot est pris par l'article 2102. Le privilège peut donc toujours être exercé.

3° Il y a vente. L'indemnité se présente à nous comme un prix de vente et non comme un dédommagement accordé aux créanciers du titulaire. Elle doit, par suite, être affectée au privilège.

§ 3. — *L'immobilisation par nature.*

Nous entendons par immobilisation par nature, celle qui est le résultat de l'incorporation du meuble vendu à un immeuble, incorporation s'opérant de telle sorte qu'elle a pour conséquence de faire perdre son individualité à l'objet vendu qui devient une partie intégrante de l'immeuble auquel il a été uni.

Il est bien évident que le privilège du vendeur est éteint par l'immobilisation par nature. La chose a été incorporée, elle est devenue immeuble *erga omnes*, elle ne peut plus être grevée d'un droit qui, par définition, ne porte que sur des effets mobiliers. C'est ainsi, pour citer un exemple classique, qu'il n'y aurait plus de privilège sur les matériaux vendus si, avec ces matériaux, on a construit une maison (1).

Quel sera le sort du privilège au cas d'une immobilisation par destination ? L'immobilisation est alors bien moins franche ; ce n'est plus une union intime entre

1. Plusieurs applications ont été faites par la jurisprudence du principe que le privilège est éteint au cas d'immobilisation par nature. Nous nous bornons, sur ce point, à renvoyer aux arrêts rapportés dans Dalloz au mot « Privilèges », n° 359.

l'immeuble et l'objet mobilier, union qui fait perdre à ce dernier son individualité. L'objet a été simplement attaché au fonds à perpétuelle demeure. C'est la définition que l'article 524 nous donne de l'immobilisation par destination. Faut-il encore se prononcer dans le sens de l'extinction du privilège? Nous ne le pensons pas, le privilège doit subsister; l'objet mobilier n'a pas perdu son individualité; on peut très facilement le reconnaître. Ainsi, la machine qui a été attachée par l'acheteur à son fonds pour l'exploitation peut être envisagée abstraction faite du fonds, c'est toujours une machine. Il en est de même des animaux attachés au fonds pour sa culture. On ne concevrait pas que le privilège soit éteint. A cet argument de raison en faveur du maintien du privilège, vient s'ajouter un argument de texte. Il résulte des articles 592-1° et 593 du Code de procédure civile, que le vendeur peut, malgré l'immobilisation par destination, saisir mobilièrement la chose vendue. C'est dire que la fiction en vertu de laquelle la chose est immobilisée n'est pas opposable au vendeur. Elle ne lui fera donc pas perdre son privilège. Tout conclut, on le voit, les textes comme le raisonnement, au maintien du privilège au cas d'une immobilisation par destination.

Cette solution qui n'est guère contestée quand le vendeur se trouve en présence de créanciers chirographaires est, au contraire, vivement combattue lorsque le conflit s'élève entre le vendeur et un créancier ayant hypothèque sur l'immeuble auquel le meuble a été rattaché. La doctrine se partage en deux camps, l'un admettant le vendeur à exercer son privilège contre les créanciers hypothécaires, l'autre lui déniant ce droit. Les partisans du premier système (1) font valoir, à l'appui de leur opinion' les arguments suivants.

Premier argument. — La chose vendue subsiste matériellement avec la même forme et avec les mêmes éléments qu'à l'époque de la vente ; de plus, elle n'a pas changé de mains, elle est toujours en la possession de l'acheteur. Elle se trouve donc réunir toutes les conditions exigées par l'article 2102, § 4, pour l'exercice du privilège.

Certainement, l'article 2102 s'applique ; aussi le privilège du vendeur n'est-il pas éteint, le créancier pourra l'exercer. Mais, tout en reconnaissant au vendeur son privilège, il faut le renfermer dans les limites qui lui sont imposées par les droits des tiers. L'hypothèque s'étend aux améliorations, l'immobilisation constitue, à n'en pas douter, une amélioration ; elle tombe, en conséquence, dans le domaine de l'hypothèque. L'article 2102 ne peut empêcher que le droit du créancier hypothécaire ne soit étendu à l'immeuble par destination. Nous nous permettons d'emprunter à MM. Baudry-Lacantinerie et de Loynes, le passage suivant qui complète très bien notre idée. « La situation du vendeur se rapproche de celle que lui créérait l'acte par lequel l'acheteur revendrait le meuble acheté ou mieux le donnerait en nantissement. De même que, dans ce dernier cas, le privilège du vendeur ne s'exerce qu'après le privilège du créancier gagiste, de même,

1. Carette, *Observations*, S. 36. 1. 181 ; Troplong, I, n° 113 ; Mourlon, *Revue critique*, 1854, p. 79.

dans notre hypothèse, il ne s'exerce qu'après l'hypothèque » (1).

Deuxième argument. — L'article 593 permet au vendeur de saisir le bien même lorsqu'il est devenu immeuble par destination. C'est un droit général qui est accordé par ce texte au vendeur, droit qu'il peut exercer aussi bien contre un créancier hypothécaire que contre un créancier chirographaire.

La réponse est facile à cet argument qui, à première vue, semble sans réplique. Sans doute, le Code de procédure civile permet, par exception, au vendeur non payé de saisir-exécuter les meubles devenus immeubles par destination, mais la question est justement de savoir si ce vendeur pourra saisir-exécuter contre les créanciers hypothécaires. Cela ne nous paraît pas admissible. C'est toujours la même idée qui domine toute cette discussion. Les créanciers hypothécaires ont vu leur hypothèque s'étendre à l'objet mobilier par application de l'article 2133. Leur droit doit être respecté. Un arrêt de la Cour de Rennes (2) dit très bien : « Considérant que, si l'article 593 admet que, pour les créanciers qu'il énumère, les dits ustensiles peuvent être saisis comme meubles ; ce serait forcer le sens de cette disposition de la loi que d'en induire que cette exécution puisse avoir lieu au préjudice d'un créancier auquel a été conféré un droit d'hypothèque sur l'immeuble dont ces ustensiles sont devenus l'une des parties constitutives ».

Troisième argument. — Le privilège du vendeur, qui

1. Baudry-Lacantinerie et De Loynes, *Privilèges*, I, p. 394.
2. 31 août 1864, S. 65. II. 111.

subsiste au cas d'immobilisation par destination, doit l'emporter sur l'hypothèque portant sur l'immeuble par application de l'article 2095. Cet argument a été développé par M. Colmet de Santerre (1). D'après cet auteur, l'article 2133 dit seulement que l'hypothèque s'étend aux améliorations. Quant au rang que doit avoir cette hypothèque ainsi étendue, il ne s'en occupe pas. Il faut alors appliquer le droit commun, ce qui nous conduit à dire :

1° L'immobilisation par destination ne détruit jamais le privilège du vendeur pas plus à l'égard des créanciers hypothécaires que des créanciers chirographaires.

2° En cas de conflit entre le privilège du vendeur et l'hypothèque sur l'immeuble, celle-ci doit céder le pas au privilège par application de l'article 2095.

En ce qui concerne la première des déductions posées par M. Colmet de Santerre, nous croyons aussi que le privilège subsiste malgré l'immobilisation par destination ; mais pour ce qui est du concours que ce jurisconsulte établit entre le privilège du vendeur et l'hypothèque sur l'immeuble, nous ne croyons pas que l'article 2095 puisse s'appliquer ici. Et, en effet, à notre avis, de deux choses l'une. Ou bien l'immobilisation par destination existe aussi bien à l'égard du vendeur qu'à l'égard des créanciers hypothécaires, ce que personne n'admet, le privilège, alors, doit tomber : il n'y a plus

1. IX, n° 32 *bis*, VII et VIII. M. Colmet de Santerre, s'il admet que le privilège du vendeur puisse être opposé aux créanciers hypothécaires, ne l'admet pas d'une façon absolue, il fait une distinction suivant que ces créanciers hypothécaires sont de bonne ou de mauvaise foi, nous verrons plus tard ce qu'il faut penser de cette distinction.

d'effets mobiliers, condition essentielle pour l'exercice d'un privilège sur meubles. Les créanciers hypothécaires se paieront sur l'ancien meuble à l'exclusion du vendeur qui n'aura plus rien, même après désintéressement des créanciers hypothécaires. Ou bien, c'est là le second terme de notre distinction, la fiction de l'immobilisation n'existe qu'à l'égard des créanciers hypothécaires. Le privilège du vendeur subsiste mais en qualité de privilège mobilier puisque l'immobilisation ne le regarde pas. Peut-il être question, s'il en est ainsi d'appliquer l'article 2095 ? Certainement non, pour que le concours puisse s'établir entre l'hypothèque et le privilège, pour que, par suite, celle-ci doive céder le pas à celui-là, il faudrait au moins que les deux droits en conflit portent sur un bien de même nature. Or, ce n'est pas le cas ici, le privilège est mobilier, l'hypothèque immobilière. Le concours est impossible à admettre, l'article 2095 doit être écarté.

Quelle sera notre conclusion ? Ce n'est pas plus dans l'article 2095 que dans les articles 593 du Code de procédure civile et 2102 du Code civil qu'il faut chercher la solution de la question. L'article 2095, nous croyons l'avoir suffisamment démontré, ne trouve pas son application en la matière, le conflit qu'il suppose ne se produisant pas. L'article 593 doit être entendu, sous réserve des droits appartenant à des tiers, ici les créanciers hypothécaires. L'article 2102, certes, peut être invoqué; l'immobilisation n'a pas fait perdre la possession à l'acheteur ; le privilège pourra être exercé, mais, là encore, il faudra tenir compte de ce fait, qu'en vertu de l'article 2133 l'hypothèque s'est étendue au meuble immobilisé. Le vendeur qui a conservé son privilège pourra user de sa garantie, mais, et c'est là le point essentiel qu'il faut mettre en relief, seulement après que les créanciers hypothécaires se seront payés sur le prix du bien affecté au privilège. S'il reste quelque chose du prix, ce sera pour le vendeur ; dans le cas contraire ce vendeur, perdant tout le bénéfice de son privilège, sera rejeté dans la classe des créanciers chirographaires.

Cette opinion qui s'appuie de l'autorité d'un nombre considérable d'auteurs (1), est admise d'une façon presque unanime par la jurisprudence (2). Elle a d'ailleurs le mérite d'être conforme à l'équité. En effet, lorsqu'un créancier accepte pour gage de sa créance une hypothèque sur un immeuble, il sait à quoi s'en tenir sur la valeur de ce gage. La publicité des hypothèques et des transmissions d'immeubles lui offre un moyen facile de se convaincre que son débiteur est bien propriétaire, de connaître s'il y a et quelles sont les hypothèques qui priment la sienne. Il en est tout autrement lorsqu'à l'immeuble est rattaché un meuble à perpétuelle demeure; le créancier a dû compter sur ce meuble comme un élément essentiel de son gage. Il le voyait en la possession du débiteur et n'a

1. Duvergier, *Vente*, I, n° 439 ; Marcadé, VI, sur l'art. 1654, n° 2 ; Pont, I, n° 154 ; Aubry et Rau, III, p. 159, § 261 et p. 409, § 284.

2. Civ. rej., 22 janv. 1833, S. 33. I. 446 ; Civ. rej., 9 déc. 1835, S. 36. I. 177 ; Req., 18 mars 1840, S. 40. I. 412 ; Cass. Belgique, 16 fév. 1848, D. 48. II. 61 ; Rennes, 31 août 1864, S. 65. II. 111. Voir cependant en sens contraire, Dijon, 16 août 1842, S. 46. II. 148 ; Cass. Belgique, 11 fév. 1848, D. 48. II. 76.

pu s'enquérir des véritables droits que son débiteur pouvait avoir sur lui ; c'est impossible en matière mobilière où manque la publicité. Ce créancier a dû d'ailleurs se croire suffisamment garanti par l'article 2279 qu'il a la faculté d'invoquer au nom de son débiteur. Ne serait-il pas alors souverainement injuste qu'il puisse voir l'objet mobilier, qu'il a cru appartenir à son débiteur, distrait par un privilège occulte qu'il ne connaissait pas et qu'il lui a été impossible de connaître?

Au nom de ces considérations équitables M. Colmet de Santerre fait une distinction. Le créancier hypothécaire est-il de bonne foi, c'est-à-dire n'a-t-il pas connu l'existence du privilège du vendeur, ce qui arrivera toutes les fois que l'hypothèque sera postérieure à l'immobilisation, ce créancier passera avant le privilège du vendeur car il a dû compter sur l'accroissement du gage. Est-il de mauvaise foi ? Il sera primé par le vendeur. Cette distinction sans doute est très équitable, mais nous ne croyons pas que les textes la rendent possible. L'hypothèque atteint toujours l'objet du privilège du vendeur et le créancier qu'il soit de bonne ou de mauvaise foi, dans tous les cas peut exercer ses droits. Le principe de l'article 2133 ne suppose aucune distinction ; il faut devant le caractère absolu des textes, faire plier l'équité. Le vendeur, au reste, est-il tant à plaindre ? Il n'avait qu'à se faire payer plus tôt ; il sait que son droit est très précaire, subordonné qu'il est à la possession de l'acheteur. Il ne peut d'ailleurs, au cas d'immobilisation, prétendre qu'il a été pris au dépourvu car, dans la plupart des hypothèses, cette immobilisation était à prévoir au moment du contrat. Ajoutons enfin que la situation du vendeur qui voit sa garantie compromise par l'immobilisation est préférable à celle qu'il aurait à la suite d'une revente, car le privilège subsiste et le vendeur conserve la chance de rentrer dans ses fonds s'il reste quelque chose du prix, les créanciers hypothécaires désintéressés.

Il nous reste une dernière remarque à faire pour avoir terminé complètement l'étude de cette importante question. Nous avons toujours supposé jusqu'ici qu'il s'agissait seulement du privilège du vendeur, mais la même controverse se pose à l'occasion du droit de résolution du vendeur non payé. On peut se demander ce que devient ce droit au cas d'une immobilisation par destination. Dans le chapitre que nous avons consacré à la résolution, nous avions posé seulement la question nous proposant de la résoudre, à sa place, à propos du privilège. Les mêmes arguments peuvent, en effet, être invoqués qu'il s'agisse de la résolution ou du privilège sauf évidemment celui que l'on prétend tirer de l'article 2095 pour faire passer le privilège avant l'hypothèque. Cette restriction faite, nous n'aurions qu'à répéter à peu de choses près pour la résolution ce que nous avons dit du privilège. Nous croyons inutile de le faire et nous admettrons que la résolution, comme le privilège établi par l'article 2102, § 4 du Code civil, ne peut être exercée au préjudice des créanciers hypothécaires.

Section III. — De la créance privilégiée.

L'article 2102 nous indique ce qui est privilégié. C'est le prix. Mais faut-il prendre cet article à la lettre et en conclure que le prix seul est privilégié ? Il ne faut certainement pas étendre les textes en dehors de leurs termes, mais, il ne faut pas non plus tomber dans l'excès contraire et s'en tenir littéralement aux expressions de la loi.

Tout d'abord, il est un principe d'ordre général dans le droit, c'est que l'accessoire suit le sort du principal. Aussi ce que l'article 2102 décide du prix doit-il s'appliquer aux intérêts du prix. Les intérêts en sont, en effet, un accessoire. Le vendeur pourra user du privilège pour les réclamer lorsque l'acheteur ne les aura pas payés. On peut de même considérer les frais et loyaux coûts du contrat qui doivent définitivement rester à la charge de l'acheteur comme compris dans la créance du prix lorsque le vendeur a fait l'avance de ces frais.

La question devient plus délicate pour ce qui est des dépens. Peut-on les considérer comme un accessoire de la créance et, comme tels, garantis par le privilège ? D'abord ce qui est certain et ce qu'il importe de dégager, c'est que les dépens sont faits par le créancier dans son intérêt exclusif. Ce sont, dit Tarrible dans son *Traité des privilèges et hypothèques*, des frais qu'un particulier expose contre un autre particulier pour faire juger un différend qui existe entre eux, frais qui seront mis à la charge de la partie qui succombera dans le procès. On ne peut guère donner une meilleure définition qui mette mieux en relief le caractère de créance particulière que revêtent ces frais. Les dépens ne seront donc pas garantis par le privilège des frais de justice qui suppose que l'on se trouve en présence de frais qui profitent à tous les créanciers ou au moins à plusieurs d'entre eux.

Ces principes posés, nous arrivons au cœur de la question. Les dépens qui ne sont pas garantis par le privilège des frais de justice, le seront-ils, au moins, par le privilège attaché à la créance dans l'intérêt exclusif de laquelle ils ont été faits ? La doctrine est divisée à cet égard. D'après Laurent (1), les dépens sont dus comme les dommages-intérêts, pour inexécution de l'obligation contractée par l'acheteur ; ils ne sont pas dus comme compensation de la chose ou des fruits. Ils ne constituent donc pas ni le prix de la chose ni, non plus, un accessoire de ce prix.

Nous préférons l'opinion d'après laquelle les dépens sont des accessoires de la créance et, comme tels, soumis au privilège. « La créance privilégiée, dit M. Guillouard (2), se compose de deux éléments, la créance privilégiée proprement dite et les frais de poursuite au cas d'inexécution, qui ne sont qu'une conséquence et un accessoire de la créance primitive. » Ces quelques lignes, par leur concision même, sont frappantes de clarté ; elles nous démontrent amplement qu'on ne saurait séparer la créance des frais faits pour son recouvrement. Ces frais s'y ratta-

1. XXX, n° 14.
2. *Privilèges et hypothèques*, I, n° 174 *in fine*.

chent étroitement et le privilège serait incomplet s'il ne les englobait pas.

La théorie admise par Laurent aboutit souvent à cette conséquence fâcheuse que le créancier, parfois, ne voudra pas agir pour obtenir son paiement, craignant de ne pouvoir rentrer dans des frais qu'il prévoit d'avance supérieurs au montant de sa créance. Ce résultat regrettable est encore un motif de plus à ajouter à l'argument que nous avons invoqué en première ligne, pour écarter la doctrine consacrée par le jurisconsulte belge.

Que décider pour les dommages-intérêts qui sont dûs par l'acheteur ? Faut-il leur appliquer aussi l'art. 2102, § 4 ? L'extension ici n'est plus possible. La loi considère seulement comme privilégiée la créance du prix. On admet, en vertu des principes, que le privilège s'étend aux accessoires de la créance. Or, les dommages-intérêts, tout le monde est d'accord sur ce point, ne sauraient pas plus avoir le caractère de prix que d'accessoires de ce prix.

Ils n'ont pas le caractère de prix car ils ne représentent pas la valeur de la chose.

Ils ne peuvent être considérés comme accessoires parce qu'ils ne se rattachent pas étroitement à la créance du vendeur. Tandis que celle-ci a sa base dans le contrat de vente, ils ont leur base dans une faute de l'acheteur qui consiste à ne pas avoir exécuté son obligation. C'est de cette faute, de ce fait nouveau, que naît la créance de dommages-intérêts. Elle se relie bien à la créance principale puisqu'elle suppose son inexécution, mais ce n'en est pas moins une créance indépendante qui ne peut être considérée comme un accessoire du prix de vente.

Ajoutons que le motif du privilège du vendeur ne se retrouve plus en matière de dommages-intérêts qui ne sont pas l'équivalent d'une chose mise dans le patrimoine de l'acheteur.

Il ne faut pas entendre prix dans un sens trop restreint. Il y aura toujours prix, comme l'entend l'article 2102, lorsque l'obligation de l'acheteur consistera non plus dans un capital exigible, mais dans une rente. Il y aurait alors diverses questions à examiner. On pourrait se demander si la conversion du prix en rente viagère emporte novation et éteint par suite le privilège. Nous avons déjà observé dans le cours de cet ouvrage et à propos de la résolution, que les problèmes qui se posent à ce sujet sont plutôt du ressort d'une étude sur le privilège du vendeur d'immeubles. Aussi nous n'insisterons pas sur tous ces points intéressants. Mais voici une question que nous ne pouvons laisser de côté et qui relève directement de l'ordre d'idées dans lequel nous nous sommes placés.

Le vendeur accepte en paiement des billets souscrits par l'acheteur ; en ce cas, l'acceptation des billets emporte-t-elle novation ? Si l'on se prononce pour l'affirmative, l'obligation résultant de la vente de payer le prix est éteinte, et, avec elle, le privilège du vendeur qui la garantissait (1).

Dans le cas où le vendeur, en recevant les billets de l'acheteur, n'a pas donné quittance du prix, tous les auteurs et la jurisprudence sont d'accord pour reconnaître qu'il n'y a pas novation. Et en effet, d'une part on ne

1. La même question se pose pour toutes les garanties du vendeur et doit toujours recevoir la même solution.

retrouve plus aucun des éléments exigés par l'article 1271 pour qu'il y ait novation. Il n'y a pas changement de débiteur ou de créancier et, on peut affirmer également qu'il n'y a pas de changement de dette. L'acheteur en souscrivant les billets n'a pas payé ; il a seulement promis de payer. Le mode de paiement, seul, est changé et non la dette qui, elle, reste toujours la même. D'autre part, admettre la novation dans cette hypothèse, serait se mettre en contradiction avec l'article 1273, d'après lequel la volonté de nover doit résulter clairement des termes de l'acte. Ici, il n'y a certainement pas intention de nover de la part du créancier car, on ne peut supposer que ce dernier, en acceptant les billets, ait entendu perdre toutes les garanties que lui offrait sa situation de vendeur, ce qui arriverait au cas de novation.

La question devient plus délicate si le vendeur, en même temps qu'il a accepté les billets, a donné quittance du prix. Duranton (1) pense qu'en ce cas, il doit y avoir novation. Cet auteur en donne la raison suivante : « Il est clair, dit-il, que le vendeur qui reçoit des billets en paiement de son prix et en donne quittance pure et simple, fait novation de l'action qui naît de la vente et qu'il n'a plus le privilège du vendeur ; il se contente de l'action qui naît des billets au cas où ils ne seraient pas acquittés ».

Un arrêt de la Cour suprême nous paraît avoir très nettement répondu à cet argumentation. Il s'agissait, dans l'espèce, d'une vente d'immeubles pour un prix de

1. XII, p. 402, n° 287.

37.500 francs payable par moitié en effets souscrits au profit du vendeur, lequel avait reconnu avoir reçu le prix et en avoir donné quittance. C'est donc bien l'hypothèse dans laquelle nous nous trouvons à cette différence près que, dans l'espèce tranchée par l'arrêt, il s'agissait d'une vente d'immeubles. Peu importe ! Le raisonnement est toujours le même. La Cour de Bordeaux avait admis la novation qui, pour elle, ne faisait aucun doute et résultait clairement de l'acte. L'affaire vint devant la Cour suprême qui cassa l'arrêt en question. La Cour de cassation, dans ses considérants (1), voit avec raison « dans le fait pour le vendeur d'avoir accepté des billets, un mode de paiement du prix et non une nouvelle créance et ceci, alors même que le vendeur a donné quittance ». Nous croyons que c'est ainsi qu'il faut envisager le fait pour le vendeur d'avoir donné quittance du prix de vente. Il y a là, comme le dit la Cour, un mode de paiement. Il serait alors contraire aux termes de l'article 1271, de parler de novation. Ce texte n'admet la novation qu'au cas de changement de dette. En outre, peut-on induire de l'acceptation de la quittance par le vendeur la renonciation par ce dernier à toutes les garanties que la loi lui offre au cas de non paiement ? Cela ne nous paraît pas possible. L'intention de nover n'est pas aussi manifeste que veut bien le dire Duranton.

Nous déciderons, d'une façon générale, sans distinguer si, oui ou non, le vendeur a donné quittance, que, la souscription de billets par l'acheteur, billets acceptés

1. Voir Dalloz au mot « Obligations », n° 2505-1°.

par le vendeur, n'emporte pas novation. L'acheteur, dans tous les cas, reste débiteur d'un prix de vente et, il peut être forcé au paiement de ce prix au moyen de toutes les garanties que la loi accorde au vendeur non payé. Le vendeur est libre d'exercer son privilège, il peut aussi, s'il le préfère, agir par la voie de la résolution.

La Cour de cassation ayant résolu la question dans le sens que nous avons indiqué, la Cour de renvoi jugea de la même manière que la Cour suprême. La jurisprudence sur la question est très nombreuse (1).

Section IV. — Du rang du privilège.

Dans les précédentes sections, nous avons examiné les règles principales auxquelles obéit le privilège du vendeur, nous avons envisagé toutes les conditions de son fonctionnement et déterminé, à l'instant même, sa portée en fixant les créances qu'il garantit.

Mais, le vendeur n'est pas le seul créancier de l'ache-

5. En notre sens, Civ. cass., 19 août 1811, S. 13. I. 451 ; Civ. rej., 28 juill. 1823, S. 23. I. 414 ; Rouen, 4 janv. 1825, S. 25. II. 179 ; Req. rej., 15 juin 1825, S. 26. I. 63 ; Nancy, 4 janv. 1827, S. 27. II. 259 ; Aix, 24 avril 1827, S. 29. II. 43 ; Req. rej., 24 juill. 1828, S. 29. I. 28 ; Paris, 20 juill. 1831, S. 32. II. 29 ; Limoges, 4 fév. 1835, S. 35. II. 221 ; Civ. cass., 22 juin 1841, S. 41. I. 473 ; Metz, 26 janv. 1854, S. 54. II. 473 ; Caen, 20 juin 1859, S. 60. II, 51. Voir en sens contraire, Lyon, 29 mars 1833, S. 34. II. 29. Pour consulter les auteurs qui se sont expliqués sur la question, voir notamment Laurent, XVIII, nos 283 à 294 ; Aubry et Rau, IV, p. 218, note 34 ; Troplong, *Des hypothèques*, I, 1199 *bis* ; Martou, *Des privilèges et hypothèques*, 470 et 552.

teur. Le patrimoine du débiteur forme le gage commun de ses créanciers ; le bien vendu est tombé dans le patrimoine, il va donc être atteint par le droit de gage. Le vendeur, qui voudra se faire payer sur le prix de l'objet vendu en le saisissant, va se trouver en conflit avec les autres créanciers de l'acheteur. L'égalité n'est jamais complète entre tous ces créanciers. Les uns sont purement chirographaires. Au profit des autres existent des causes de préférence soit en vertu de la loi, soit en vertu de conventions intervenues entre eux et le débiteur. Un classement va donc s'opérer, classement dans lequel seront placés en dernière ligne les créanciers chirographaires, en première ligne les privilégiés. Entre ces deux catégories viendront s'intercaler les créanciers hypothécaires.

Notre vendeur possède un privilège ; il se trouve donc parmi les favorisés ; il est toujours certain de passer avant ceux de ses concurrents qui n'ont aucune sûreté et même avant ceux qui jouissent d'une hypothèque. C'est la pure application des principes. Cependant remarquons que le vendeur de meubles, à l'exception toutefois du vendeur de navires, ne se trouvera jamais en conflit avec des créanciers hypothécaires. L'objet de sa sûreté est en effet un meuble et l'hypothèque ne peut porter que sur des immeubles. Le vendeur d'immeubles, lui, peut se trouver en conflit avec des hypothèques établies sur le bien vendu, mais, en matière d'immeubles, le principe de la priorité des créanciers privilégiés sur les hypothécaires, principe posé par l'article 2095, ne s'applique qu'en partie. Pour ce qui est du droit de préférence, le vendeur primera seulement les créanciers hypothécaires inscrits sur l'immeuble après le contrat et les créanciers dont l'hypothèque légale saisit le bien vendu au moment de son entrée dans le patrimoine de l'acheteur. Il sera primé par les créanciers hypothécaires inscrits antérieurement à la vente. Le tout, pourvu que la transcription ait été opérée. En ce qui concerne le droit de suite, là encore, le principe de l'article 2095 subit de profondes atteintes résultant des règles posées par la loi en matière de publicité.

Mais, ne sortons pas des limites de notre sujet. Nous n'avons pas à nous occuper des ventes d'immeubles. De ces quelques observations, nous dégagerons la conclusion suivante, qu'en somme on ne peut dire des privilèges sur les immeubles qu'ils priment d'une façon absolue les hypothèques, comme le voudrait l'article 2095. Ces privilèges sont plutôt de véritables hypothèques légales, car c'est seulement dans la même mesure qu'elles, qu'ils passent avant les créanciers à hypothèque conventionnelle.

Ces quelques observations préliminaires sur le rang des privilèges nous ont paru intéressantes et utiles à noter pour donner une idée d'ensemble du sujet. Sous leur bénéfice, nous allons attaquer directement la question et dégager, d'après les textes et surtout d'après le raisonnement, car il y a fort peu de textes sur la matière, le rang du privilège.

Nous savons déjà, par ce qui précède, que le vendeur passe avant les créanciers chirographaires, et qu'il n'a pas à exercer son privilège à l'égard des créanciers hypothécaires avec lesquels il ne peut être mis en concours (1). Il nous reste pour déterminer d'une façon complète la place qu'occupe le vendeur dans la hiérarchie des créanciers de l'acheteur, à fixer le rang de son privilège d'une part, lorsqu'il est en concours avec les privilèges généraux, d'autre part, lorsqu'il est en conflit avec un privilège spécial.

I. *Le vendeur d'effets mobiliers est en conflit avec un privilège général.* — Qui de ces deux droits l'emportera sur l'autre? La question en suppose une autre d'ordre plus général, celle de savoir si les privilèges généraux doivent l'emporter sur les privilèges spéciaux et réciproquement. Ce point de doctrine élucidé, nous n'aurons qu'à en faire l'application à l'égard du vendeur.

Nous entrons avec l'examen de cette question dans le domaine de la controverse. Aucun texte n'existe sur la matière. La loi règle l'ordre de préférence entre les privilèges généraux et les privilèges spéciaux sur les immeubles, mais elle est muette sur le point qui nous occupe, aussi l'on peut presque dire qu'en fait de système chaque auteur a le sien. Nous serions entraînés plus loin que nous ne voulons si nous passions en revue toutes les théories qui se sont efforcées d'établir un ordre logique de préférences dans la série des privilèges. Nous nous contenterons d'exposer, et nous tâcherons de justifier autant que possible le système qui nous a paru le meilleur.

D'après nous, au cas de concours entre les privilèges

1. Il faut toujours mettre à part le vendeur de navire qui peut se trouver en conflit avec des créanciers ayant hypothèque sur le navire vendu.

généraux et les privilèges spéciaux, nous pensons que les premiers doivent l'emporter sur les seconds. Nous invoquerons en faveur de notre manière de voir les arguments suivants :

Premier argument. — L'article 2105, au cas où les privilèges généraux concourent avec les privilèges spéciaux sur les immeubles, fait passer d'abord les privilèges généraux. Pourquoi ne pas décider qu'il en sera de même si le concours s'établit en matière mobilière? Il y a une raison, dit-on, pour qu'il n'en soit pas ainsi. Les motifs pour lesquels l'article 2105 accorde la préférence aux privilèges généraux sur les privilèges spéciaux, ne se retrouvent plus ici. Ce texte fait passer les privilèges généraux les premiers parce que, d'une part, les sommes qu'ils représentent sont très modiques, n'entameront donc pas de beaucoup le gage commun; et que, d'autre part, les sommes à distribuer aux créanciers à privilège spécial sont généralement fort importantes et absorberaient tout si elles passaient les premières. En matière de meubles, les sommes à distribuer sont peu importantes et par suite, la priorité des privilèges généraux ne s'imposait plus ici. Mais, justement, à cause de la modicité des sommes à payer aux créanciers à privilège général, nous ne voyons pas l'inconvénient qu'il y a à les mettre en tête. En quoi cela peut-il inquiéter celui qui jouit d'un privilège spécial sur meuble de se voir primé par les privilèges de l'article 2101, puisque ceux-ci garantissent des sommes insignifiantes ? L'application stricte de l'article 2105 ne portera aucune atteinte aux droits de ce créancier ! Pourquoi, s'il en est ainsi, ne pas étendre ce texte d'une façon large et recourir à lui en l'absence d'une disposition de loi sur le point spécial qu'il s'agit ici de trancher?

Deuxième argument. — Il y a une raison décisive pour placer en première ligne les privilèges généraux, c'est l'esprit dans lequel est conçu la loi, la faveur de laquelle elle entoure ces privilèges. Remarquons qu'elle leur assigne une très vaste étendue; ils portent sur la presque totalité des biens. N'est-ce pas dire par là qu'ils sont spécialement dignes d'intérêt, qu'il faut en quelque sorte leur donner la place d'honneur et décider qu'ils devront passer non seulement avant les privilèges spéciaux sur les immeubles, mais même avant les privilèges spéciaux sur les meubles?

On a essayé de nous opposer un argument tiré de l'article 662, d'après lequel le locateur peut se faire payer de tous les loyers qui lui sont dûs, même par préférence aux frais de justice. Le locateur, dit-on, prime les frais de justice, *a fortiori* prime-t-il tous les privilèges généraux. Cet argument qui, à première vue, paraît inattaquable, tombe de lui-même si l'on se rappelle qu'il y a un motif tout spécial pour faire passer le locateur avant les frais de justice. Le locateur prime ces frais, parce qu'ils ne lui sont pas utiles. C'est là la seule raison de la préférence qui lui est accordée. Aussi, dès qu'on n'est plus en présence des frais de justice, les règles ordinaires dont il n'y a plus de bons motifs pour s'écarter reprennent leur empire, et le locateur n'a plus une situation meilleure que ses concurrents.

En faveur du système que nous avons soutenu, nous

pouvons invoquer de nombreux arrêts (1). Cependant la jurisprudence sur la question n'est pas assise, et l'on peut citer autant de décisions dans un sens que dans l'autre. Certains arrêts vont même jusqu'à ne pas reconnaître, en principe, la prédominance d'une classe de privilèges sur l'autre. Ils établissent un classement suivant la qualité de la créance, classement dans lequel sont rangés pêle-mêle les privilèges généraux et les spéciaux (2).

Quoiqu'il en soit des différents systèmes sur le mode de classement des privilèges spéciaux à l'égard des privilèges généraux (3), nous avons, pour des raisons que nous croyons bonnes, donné la préférence à ces derniers. Nous sommes amenés à la conclusion suivante, qui est pour nous le résultat pratique de cette discussion, que le vendeur sera obligé de laisser passer avant lui tous les créanciers qui peuvent se prévaloir d'un privilège général. C'est ainsi qu'il a été jugé que le privilège du vendeur non payé sur le prix provenant de l'objet vendu est primé par le privilège du fournisseur de subsistances au débiteur et à sa famille.

II. *Le vendeur d'effets mobiliers est en conflit avec un autre privilège spécial.* Quel sera le rang dans lequel s'exercera le privilège du vendeur ?

Une seule hypothèse est prévue par le Code civil. L'ar-

1. Dalloz au mot Privilèges, n° 596, notes 1, 2, 3, 4.

2. Lorsque les Cours ont été consultées sur la réforme hypothécaire, la majorité des Cours d'appel s'est prononcée contre la préférence des privilèges spéciaux. Trois Cours, seules, ont admis ces privilèges à passer en première ligne.

3. Voir à ce sujet Dalloz au mot Privilèges, n° 599, note 3.

ticle 2102, § 4, al. 2, nous apprend que le privilège du vendeur, lorsqu'il est en conflit avec le privilège du locateur de la maison ou de la ferme, sera primé par ce dernier, à moins que le locateur ne soit de mauvaise foi. La mauvaise foi consiste ici dans le fait que le locateur a su que le prix de la chose était encore dû. L'article 2102 s'exprime imparfaitement lorsqu'il fait consister la mauvaise foi « *dans le fait pour le propriétaire d'avoir eu connaissance que les meubles et autres objets garnissant la maison ou la ferme n'appartenaient pas au locataire* ». Ces meubles appartiennent toujours au locataire, dès que la vente est parfaite. Le vendeur, en droit français, n'est pas propriétaire, tant que la chose n'a pas été payée. Par suite, la mauvaise foi du locateur ne peut consister dans l'ignorance de la propriété du locataire. L'article 2102 s'est exprimé en termes inexacts, mais la pensée de la loi n'est pas douteuse. Elle veut que le vendeur, par exception, passe avant le bailleur, dans le cas où ce dernier a su que le privilège du vendeur existait sur les objets garnissant la maison ou la ferme, en d'autres termes, a su que le vendeur n'était pas payé.

De ce texte, ainsi compris, nous pouvons dégager un principe général que nous formulerons en ces termes : « Le vendeur en conflit avec un créancier nanti sera primé par le privilège du créancier nanti, pourvu, toutefois, que ce dernier soit de bonne foi ». Et, en effet, le bailleur est un créancier gagiste tacite ; ce que l'article 2102 décide du bailleur, il faut, à plus forte raison, le décider de celui qui peut invoquer une constitution de gage expresse, et il y a les mêmes raisons pour l'étendre à tous ceux dont le privilège a pour fondement un droit de gage.

Mais ce texte ne règle qu'un seul aspect de la question. Il nous donne la solution du conflit qui peut se produire entre le vendeur et un créancier dont la garantie repose sur une constitution de gage. Il y a encore bien d'autres de causes création des privilèges que la constitution de gage. Les privilèges spéciaux envisagés quant à leurs motifs peuvent être ramenés à trois idées fondamentales :

1° Possession de la chose avec idée de nantissement.

2° Mise de la chose dans le patrimoine du débiteur.

3° Frais de conservation de la chose.

Nous connaissons le rang qu'il faut attribuer au privilège du vendeur en conflit avec un privilège fondé sur une idée de nantissement. Il nous reste donc à déterminer quelle sera la situation du vendeur lorsqu'il se trouvera concourir d'une part avec le privilège du conservateur, d'autre part avec le privilège de celui qui a fait entrer une valeur dans le patrimoine de son débibiteur. Régler la place du privilège dans ce dernier cas, c'est se demander lequel sera préféré de plusieurs vendeurs successifs. La question de savoir qui doit l'emporter de plusieurs vendeurs successifs de la même chose, ne se pose pas en matière mobilière. Et, en effet, le privilège du vendeur de meubles est éteint par le seul fait de la revente suivie de livraison et même, pour MM. Aubry et Rau, par le seul fait de la revente non encore suivie de livraison. Le vendeur de meubles ne pourra donc pas se trouver en conflit avec d'autres vendeurs de la même chose. Le principe que les meubles n'ont pas de suite par hypothèque s'y oppose.

Nous n'avons donc plus qu'à fixer le rang qu'il faudra attribuer au vendeur quand il sera en conflit avec celui qui a fait des frais pour la conservation de la chose. Le conservateur sera préféré au vendeur à qui les frais ont profité, puisqu'ils lui ont conservé sa garantie. C'est un principe admis d'une façon presque unanime par les auteurs. On fait généralement, en ce qui concerne les frais de conservation, une distinction. Les frais postérieurs à la création du privilège priment ce privilège, car ils lui ont profité ; à l'inverse, les frais antérieurs sont primés par lui. En matière de vente mobilière, il n'y a pas à se préoccuper de cette distiction. Lorsque les frais sont antérieurs au contrat, ils ne sont pas privilégiés, à l'égard du moins du vendeur ; de deux choses l'une, ou ils ont été faits par le vendeur qui ne saurait avoir un privilège sur sa propre chose, ou ils ont été faits par un tiers, et alors ce tiers, dès la vente, ou, plus exactement, dès la livraison, a perdu son privilège par application de l'article 2279. Les frais ne se trouvent, en résumé, concourir avec le privilège du vendeur d'effets mobiliers que s'ils sont postérieurs au contrat, et alors, dans cette hypothèse, suivant l'application des règles générales, ils passeront en première ligne.

Nous croyons utile de formuler en quelques principes ce qui a été dit dans cette section sur le rang du privilège.

Premier principe. — Les privilèges généraux priment les privilèges spéciaux. Par suite, le vendeur devra laisser passer avant lui toutes les créances garanties par des privilèges généraux.

Deuxième principe. — Au cas de conflit avec un créancier nanti, ce créancier, à moins qu'il ne soit de mauvaise foi, prime le vendeur.

Troisième principe. — Au cas de conflit entre le vendeur et celui qui a fait des frais pour la conservation de la chose, c'est ce dernier qui l'emporte.

De ces principes, on peut dégager la conclusion que le vendeur n'a pas une situation très brillante dans l'échelle des privilèges. S'il est obligé de laisser passer avant lui tous les privilèges généraux, les privilèges spéciaux, sauf le cas de mauvaise foi, le priment également. Cependant, d'une part, on ne peut plaindre le sort du vendeur, si on le met en parallèle avec celui des créanciers chirographaires ; d'autre part, l'équité exige que le vendeur s'incline devant les privilèges que nous avons fait passer avant lui. La qualité de la créance, pour employer les expressions légales, désignait ces privilèges comme préférables au sien.

Ajoutons que, si les auteurs sont en désaccord le plus complet sur la question de savoir qui doit l'emporter des privilèges spéciaux ou des généraux, on peut, au contraire, constater que la hiérarchie des privilèges spéciaux sur les meubles est, à peu de chose près, réglée de la même façon dans tous les ouvrages sur la matière. Il est, en tous cas, permis de regretter que la loi ait gardé, sur tous ces points, un silence presque complet. Il y a là une lacune déplorable, qui, si elle avait été comblée par le Code ou par des lois postérieures, aurait épargné bien des discussions, bien des solutions quelquefois sujettes à caution, et aurait, en tous cas, singulièrement facilité la tâche de l'interprète.

Sur cette étude du privilège se termine la deuxième partie de notre thèse. Nous avons, dans cette deuxième partie, envisagé l'une après l'autre les garanties que notre Code civil accorde au vendeur d'effets mobiliers non payé. Ces garanties, les lois commerciales viennent en restreindre notablement la portée au cas de faillite ou de liquidation judiciaire de l'acheteur. Nous aurions pu, au fur et à mesure de nos développements, consigner au passage les dérogations apportées par le Code de commerce au droit commun. Nous avons pensé qu'il valait mieux les réunir dans une dernière partie. Adopter cette méthode, nous a paru préférable, car cela nous permettra de mettre un lien entre des idées qui se rattachent étroitement les unes aux autres, puisqu'elles sont dominées par un principe unique : « le désir de mettre tous les créanciers sur le pied d'égalité en face de la faillite ou de la liquidation judiciaire du débiteur ».

TROISIÈME PARTIE

Restrictions apportées aux droits du vendeur d'effets mobiliers non payé au cas de faillite ou de liquidation judiciaire de l'acheteur.

Une personne a vendu un effet mobilier quelconque, l'acheteur tombe en faillite ou en liquidation judiciaire après le contrat, le vendeur n'a pas encore été payé, mais il réclame à la faillite son paiement. Un esprit superficiel serait tenté d'accorder à ce créancier qui n'est pas désintéressé toutes les garanties que lui reconnaissent les textes du Code civil. On permettrait au vendeur de demander la résolution du contrat, de revendiquer, d'exercer son privilège, enfin, de retenir les choses vendues s'il ne s'en est pas dessaisi. Mais il faut pénétrer au fond des choses. Qui ne voit que la situation est ici toute particulière ? La faillite, c'est l'état de cessation des paiements, elle suppose donc, la plupart du temps, un acheteur obéré, en proie à une nuée de créanciers qui prétendent se payer sur le peu que possède encore leur débiteur. Le vendeur n'est pas le seul qui désire rentrer dans ses fonds, il a devant lui tout un cortège de créanciers aussi exigeants que lui et dont les droits sont parfaitement respectables.

Et alors, c'est la question qui se pose naturellement à l'esprit, si vous conservez, en présence de la masse, au vendeur l'intégralité de ses garanties, n'est-il pas à craindre que ce créancier, si fortement armé, ne devienne pour les autres un concurrent redoutable, ne soit en situation d'écarter à coup sûr les tiers qui ont contracté avec le failli, en un mot, n'absorbe à lui seul une partie du patrimoine du débiteur ? N'est-il pas nécessaire, au cas de faillite de l'acheteur, de restreindre ou même de supprimer les garanties reconnues par le Code civil au vendeur non payé ?

Tel est le problème que tout législateur est nécessairement amené à se poser. Ce problème est susceptible de recevoir des solutions différentes.

On pourrait dire : « Une fois la faillite prononcée, le vendeur, en quelque endroit que se trouvent les marchandises, qu'elles soient encore en cours de route ou bien, au contraire, arrivées à destination, ce vendeur perdra tout droit sur la chose qu'il a aliénée ; il ne lui restera plus que la faculté de réclamer le paiement du prix, qui lui sera versé en monnaie de faillite. » Cette première façon d'envisager la question a pour résultat de faire la part belle à la masse des créanciers, mais le vendeur est, lui aussi, digne d'intérêt et, n'est-ce pas une solution un peu radicale que de le dépouiller de toute ressource, lorsque, en somme, il n'était peut-être pas fautif, au moment où il a contracté, ignorant qu'il pouvait être du mauvais état des affaires de son débiteur ?

On pourrait aussi, adoptant une solution tout opposée, dire : « Aucune différence n'existera entre le cas de la faillite et celui de la déconfiture du débiteur, le vendeur conservera toujours la plénitude de ses garanties ». On aurait ainsi appliqué à l'hypothèse de la faillite les règles du Code civil. Mais qui ne voit qu'on tombe alors dans l'excès contraire ? Cette fois-ci, ce n'est plus le vendeur qu'on néglige, mais bien la masse des créanciers, qui peut se voir enlever une partie de son gage par un vendeur dont elle n'avait aucune bonne raison de prévoir l'existence.

Notre législateur, très sagement, n'a voulu adopter aucun de ces deux extrêmes. Il a partagé la difficulté, il s'est arrêté à une solution intermédiaire, qui concilie aussi bien que possible les intérêts du vendeur, qui, à toute force, veut rentrer dans ses fonds, avec ceux de la masse, qui espère ne pas être privée par le vendeur d'une importante partie de son gage.

L'idée qui a dirigé les rédacteurs du Code de commerce, dans l'élaboration des textes qui règlementent la situation du vendeur en face de la faillite de l'acheteur, est la suivante. Le crédit de l'acheteur se mesure aux biens qu'il possède ; il ne faut pas que les tiers qui ont traité avec lui et qui ont pu croire que tout ce que l'acheteur avait dans son patrimoine lui appartenait définitivement, avait été acquis et payé, il ne faut pas que ces tiers se voient ensuite, au cas de faillite, évincés par un vendeur qu'ils ne soupçonnaient pas. D'ailleurs, s'il en était ainsi, le commerçant trouverait difficilement une personne pour conclure affaire avec lui. C'est donc aussi bien dans l'intérêt de l'acheteur que dans celui des tiers qu'il fallait restreindre les droits du vendeur non payé en présence de la faillite de l'acheteur.

Partant de ces principes, les rédacteurs du Code ont été amenés tout naturellement à prévoir trois situations différentes.

Les marchandises sont encore en la possession du vendeur. — Les tiers qui ont traité avec l'acheteur n'ont pu être trompés par un crédit apparent qu'aurait usurpé le failli. Ils n'ont pu, en effet, compter comme leur gage la chose vendue et non payée, puisqu'elle n'est pas encore entrée dans le patrimoine de l'acheteur. Il est donc inutile de venir à leur secours, le vendeur doit conserver tous ses droits.

Les marchandises sont en route pour les magasins de l'acheteur. — On ne peut dire encore de ces marchandises qu'elles contribuent à augmenter le crédit de l'acheteur. C'est pourquoi la loi conserve au vendeur la revendication (1), tout en l'entourant de certaines conditions restrictives qui ont paru nécessaires.

Les marchandises sont expédiées, et livrées dans les magasins de l'acheteur. — La situation, dans cette troisième hypothèse, est tout autre. La chose vendue figure dans le patrimoine du débiteur, elle s'offre aux regards de ceux qui viennent traiter avec lui, et, comme elle n'est pas payée, elle contribue à donner à ce débiteur un crédit qu'en réalité il ne mérite pas. Il ne faut pas que les tiers

1. Nous verrons plus loin ce qu'il faut entendre ici par revendication.

soient trompés par cette situation apparente de l'acheteur, d'autant plus qu'aucun moyen ne leur est offert par la loi pour s'assurer que le vendeur n'a pas été désintéressé. Le législateur français, dans ce cas, se montre sans pitié pour le vendeur, qu'il prive de toutes ses garanties, le réduisant à la simple qualité de créancier chirographaire.

Nous allons reprendre en détails les trois situations prévues par la loi, et nous examinerons, pour chacune d'elles, dans quelle mesure le Code de commerce a conservé, restreint ou supprimé les garanties reconnues par le Code civil au vendeur non payé (1).

1. Nous supposerons toujours, dans le cours de cette étude, que l'acheteur, déclaré en faillite, n'a pas obtenu le bénéfice de la liquidation judiciaire. S'il en était ainsi, la situation ne serait pas changée, car la loi du 4 mars 1889 renvoie au Code de commerce pour tous les points non réglés par elle. Comme, justement, elle ne s'est pas occupée des droits du vendeur non payé au cas de liquidation judiciaire, il faut en conclure que le Code de commerce s'appliquera ici d'une façon absolue et concerne aussi bien l'hypothèse de la liquidation judiciaire que celle de la faillite.

CHAPITRE PREMIER

LES MARCHANDISES SONT ENCORE EN LA POSSESSION DU VENDEUR

Le vendeur a toutes les garanties que lui reconnaît le droit commun. Il peut retenir le bien vendu. Bien plus, la faillite rendant les dettes exigibles, il a le droit de rétention, même quand la vente était à crédit (art. 1612 Code civil). Nous avons discuté précédemment la question de savoir si le vendeur pouvait encore conserver la chose jusqu'à complet paiement du prix, au cas où il ignorait la faillite antérieure au contrat. Nous avons résolu la question dans le sens de l'affirmative. Le vendeur connaissait-il, quand il a contracté, l'état de faillite de l'acheteur ? nous avons décidé qu'alors il perdait le droit de rétention.

Nous ne revenons plus sur ces divers points que nous avons traités précédemment avec détails.

Nous étudierons, dans une section première, les effets du droit de rétention. La deuxième section sera consacrée à la question de savoir si le vendeur qui ne s'est pas dessaisi et qui invoque la résolution peut en outre réclamer des dommages et intérêts.

Section I. — Des effets du droit de rétention.

Le droit de rétention arrête l'exécution de la vente, mais il n'en entraine pas la résolution. De cette idée, nous déduirons les conséquences suivantes :

1° Le syndic peut exiger la livraison de l'objet vendu, en offrant le paiement du prix, ou en donnant caution de payer au terme. Ce droit, qui découle des principes, lui est d'ailleurs formellement reconnu par l'article 578. Le syndic ne manquera pas d'en user, si la chose a augmenté de valeur depuis le contrat.

2° Le vendeur, outre le droit de rétention, conserve la faculté de demander la résolution du contrat. L'article 577 garde, il est vrai, le silence sur ce point ; mais cela ne peut nous arrêter. Si le vendeur conserve, sous le nom de revendication, la résolution au cas où les marchandises sont déjà en cours de route, à plus forte raison faut-il lui reconnaître ce même droit lorsqu'il ne s'est pas encore dessaisi. Admettre la solution contraire, serait d'ailleurs mettre le vendeur dans une situation fort désavantageuse. Ce dernier ne pourra pas retenir indéfiniment, lorsque le syndic ne se décidera pas en faveur de l'exécution du contrat, qu'il juge par trop défavorable à la masse. Et alors, si le vendeur est privé de la résolution, que lui restera-t-il comme unique ressource ? Livrer à la masse et produire pour le montant du prix. Ce ne serait que demi mal si le vendeur pouvait au moins, une fois qu'il a livré, venir à son rang comme créancier privilégié. Mais nous savons qu'il n'en est rien. L'article 550 *in fine* consacre, au cas de faillite, la perte du privilège, et le vendeur sera payé suivant la loi du dividende. Il semble plus équitable de laisser à ce créancier, qui, en somme, n'a aucune imprudence à se reprocher, puisqu'il n'avait pas livré, la faculté de demander la résolution, qui lui permettra de reprendre la libre disposition de son bien (1).

Section II. — Le vendeur qui ne s'est pas dessaisi et qui invoque la résolution peut-il, en outre, réclamer des dommages et intérêts ?

Le vendeur qui ne s'est pas dessaisi à la faculté de demander la résolution. C'est un point bien établi. Peut-il, en outre, réclamer des dommages et intérêts ? La Cour de Paris s'était prononcée dans le sens de l'affirmative, mais son arrêt fut cassé par la Cour suprême. Les cours d'appels et les tribunaux de commerce se sont ralliés à la théorie adoptée par la Cour de cassation, de sorte que l'on peut dire que la jurisprudence est unanime à refuser au vendeur le droit de produire à la faillite pour des dommages et intérêts.

1. La jurisprudence antérieure à la loi de 1838 refusait le droit de résolution au cas de faillite et n'accordait au vendeur d'effets mobiliers non livrés qu'un seul droit, le droit de rétention. Cette jurisprudence se comprenait, si on se rappelle, que le Code de commerce ne contenait aucune disposition relative au droit de résolution et au privilège. Limoges, 4 fév. 1835, S. 35. II. 221 ; Paris, 11 nov. 1837, S. 38. II. 98 ; Amiens, 29 nov. 1837, D. 40. II. 20 ; Cass., 19 avril 1836, S. 37. I. 42.

A l'appui de sa décision (1), la Cour de cassation fait valoir les arguments suivants.

Devant la faillite, tous les créanciers sont égaux et, de plus, le contrat n'est pas résolu. Partant de ces deux idées, non résolution du contrat et égalité des créanciers, la Cour en déduit que le vendeur doit être contraint à l'exécution et être admis ensuite pour le prix au passif de la faillite. Telle devrait être, la Cour le pense ainsi, la pure application des principes (2). Seulement l'article 577 vient déroger à ces principes. Par une faveur extrême, ce sont les expressions de l'arrêt, ce texte accorde au vendeur qui ne s'est pas dessaisi des marchandises le droit de rétention. Envisagé ainsi, l'article 577 se présente comme revêtant un caractère exceptionnel. Il ne faut pas l'étendre en dehors de ses termes ; il ne parle pas des dommages et intérêts ; le vendeur ne pourra pas en réclamer. La Cour de cassation voit dans l'article 577 un texte d'exception. Elle l'applique d'une façon restrictive. Rien de plus logique. Mais lorsqu'on veut être logique, il faut l'être jusqu'au bout ! Si notre article garde le silence sur la question des dommages et intérêts, il ne fait pas non plus mention pour le vendeur du droit de demander la résolution. Il faudrait alors rigoureusement écarter dans notre hypotèse l'action en

1. S. 87. I. 145 et D. 87. I. 201.

2. La jurisprudence va même plus loin, elle a étendu le refus de dommages-intérêts au cas de vente aux autres contrats synallagmatiques, sauf l'hypothèse de louage d'immeubles affectés au commerce du failli où il y a un texte spécial (art. 550), 19 mai 1892, S. 95. II. 198, D 95. II. 233 ; Trib. commerce Seine, 10 oct. 1895, *Le Droit* du 6 nov. 1895.

résolution. La Cour suprême n'a osé aller jusque-là, sentant ce qu'aurait d'absurde une pareille solution! La situation eût été sans issue; le vendeur aurait retenu indéfiniment le bien, jusqu'à complet paiement du prix, et n'aurait pu mettre un terme à cet état de choses en demandant la résiliation du contrat.

Voyons comment la Cour va sortir de cette impasse où elle s'est engagée! L'article 577 permet au vendeur, nous dit l'arrêt, de retenir la marchandise et, par conséquent, d'en reprendre la libre disposition *comme si le contrat était résolu*. Si nous comprenons bien cette phrase, un peu ambiguë, il faut l'avouer, le droit de rétention aurait pour effet d'entraîner la résolution du contrat. Mais jamais le droit de rétention n'a eu de telles conséquences; il peut arrêter l'exécution d'une convention, il prolonge une situation existante, il ne détruit rien.

Le premier reproche que l'on peut faire à la Cour de cassation, c'est que, en admettant comme vrai son point de départ qui consiste à voir dans l'article 577 un texte d'exception, elle est obligée, pour donner une issue à la situation provisoire que créé le droit de rétention, de recourir à des subterfuges qui la mettent en désaccord complet avec les principes universellement admis.

Maintenant, ce point de départ est-il vrai? C'est ce qu'il nous reste à rechercher. Nous ne croyons pas que l'on puisse dire de l'article 577 qu'il déroge à la loi d'égalité en accordant au vendeur le droit de rétention, qu'il constitue par suite un texte d'exception.

Le vendeur a vendu au comptant. Il a été décidé que les deux obligations seraient exécutées en même temps.

Pourquoi obliger celui qui n'a pas suivi la foi de l'acheteur à se dessaisir de sa chose, par le seul fait de la faillite ? La faillite ne résout pas les contrats; en cela, nous sommes d'accord avec la Cour de cassation ; mais elle n'en change pas non plus la nature, et c'est à cela qu'on aboutirait en supprimant le droit de rétention ; on violerait la loi d'égalité au détriment du vendeur.

Que si la vente est à crédit ; par le fait de la faillite, le droit de rétention reparaît tout naturellement, les dettes de l'acheteur étant devenues exigibles, et ce n'est pas non plus déroger à l'égalité que de le conserver. C'est appliquer simplement cette règle que la faillite fait perdre le bénéfice du terme.

Les principes de la faillite ne mettent pas obstacle à ce que le créancier conserve la chose jusqu'à ce qu'il soit complètement désintéressé. L'article 577, en accordant au vendeur le droit de rétention, ne revêt nullement un caractère exceptionnel. Il faut rejeter cette idée de la Cour de cassation qui consisterait à voir dans ce texte une faveur concédée au vendeur.

Nous dirons : La loi prévoit : 1° Dans l'article 550 *in fine*, le cas où les marchandises ont été expédiées et livrées ; le privilège, la revendication, la résolution, sont perdus pour le vendeur ; 2° dans l'article 576, le cas où les marchandises sont en cours de route : le vendeur garde le droit de demander la résolution ; 3° reste une dernière hypothèse, la nôtre : le vendeur a conservé la possession de la chose vendue. Nous ne trouvons sur la question, dans le Code de commerce, qu'un seul article, l'article 577. Eh bien, ce texte, en accordant au vendeur le droit de rétention, a entendu faire un rappel au droit commun. Il nous renvoie, pour l'hypothèse qu'il prévoit, au Code civil. Nous appliquerons les articles 1184 et 1653, et, conformément à ces textes, nous accorderons au vendeur resté en possession le droit de résolution avec dommages et intérêts payables en monnaie de faillite (1),

Mais, alors, nous objectent les partisans de la doctrine consacrée par la Cour de cassation, vous arrivez à une conclusion irrationnelle ! Le vendeur qui a expédié est tenu de rembourser à la masse les acomptes reçus et les avances faites, ou de payer ce qui pourrait être dû pour fret, assurance, etc., etc. Cette obligation à la charge du vendeur indique bien qu'il ne peut réclamer de dommages et intérêts. Et alors, refusant des dommages et intérêts à celui qui s'est dessaisi, qui sera, peut-être, obligé de faire des frais pour le retour de la marchandise, vous voulez en accorder à celui qui, n'ayant pas livré, est bien moins intéressant, puisqu'il ne s'est en aucune façon découvert ! C'est illogique, pour ne pas dire absurde !

Cette argumentation ne nous paraît pas impossible à réfuter. En premier lieu, nous verrons plus loin qu'il n'y a aucune incompatibilité entre l'obligation pour le vendeur de rembourser au failli ses avances et le droit pour ce même vendeur à des dommages et intérêts.

Nous ajouterons de plus que, même en admettant avec

1. Il est certain que le vendeur ne pourra jamais se prévaloir de son privilège pour réclamer les dommages et intérêts. Le privilège ne garantit que le paiement du prix ou de ses accessoires. Or les dommages et intérêts ne sont ni l'un ni l'autre.

certains auteurs (1) que le vendeur qui s'est dessaisi n'a pas droit à des dommages et intérêts, il n'est pas tellement absurde d'en accorder à celui qui a conservé la chose. On peut très bien concevoir, entre celui qui a livré et celui qui n'a pas livré, une différence de traitement à l'avantage du dernier, qui, en somme, a fait preuve de plus de prudence.

Nous repousserons donc la théorie soutenue par la Cour suprême (2) et concluerons en permettant au vendeur qui a gardé la chose entre ses mains d'user du droit de rétention et, en outre, de demander la résolution du contrat avec dommages et intérêts payables en monnaie de faillite (3).

Notre problème a d'ailleurs été résolu dans le sens que nous avons adopté par la plupart des législations qui se sont occupées de la question. C'est ainsi que la loi an-

1. Labbé, note au Sirey. 87. 1. 145.

2. Cette théorie a été défendue par M. Sarrut, alors avocat général à la Cour d'appel, aujourd'hui avocat général à la Cour de cassation. La Cour d'appel, dans l'espèce, n'a d'ailleurs pas eu à se prononcer sur l'admission des dommages et intérêts, car elle a consacré la nullité des conventions pour clauses contraires à l'ordre public. Nous tenons ici à remercier particulièrement M. Sarrut qui, en mettant à notre disposition les conclusions qu'il a données devant la Cour, nous a permis de compléter nos connaissances sur cette question si discutée. Nous renvoyons à la dissertation de l'éminent jurisconsulte ceux qui voudraient avoir des détails complémentaires sur le sujet que nous venons de traiter (journal *La Loi* du 31 déc. 1890).

3. Voir en notre sens, Delamarre et Lepoitvin, *Droit commercial*, VI, n° 132; Demangeat sur Bravard, tome V, p. 578; Thaller, *Des faillites en droit comparé*, II, p. 18 et 22; Lyon-Caen et Renault, tome VIII, nos 861 et suiv.

glaise sur la faillite (1) décide l'admission de dommages et intérêts en faveur du vendeur qui use, selon l'expression anglaise, du droit *de stoppage in transitu*. La loi autrichienne du 25 décembre 1868 (art. 22), la loi fédérale mise en vigueur le 1er janvier 1892 (art. 213), la loi allemande du 10 janvier 1877 (art. 16), adoptent la même solution.

Ajoutons que plusieurs législations qui n'ont pas de texte formel sont interprétées en ce sens par la jurisprudence qui les applique (2).

1. Traduction de M. Lyon-Caen, art. 55, § 5.

2. Cour d'appel Bruxelles, 16 fév. 1871, recueil d'Anvers, 1871. I. 114 ; Tribunal de comm. d'Anvers, 26 mars 1871, rec. d'Anvers, 1874. I. 181 ; Trib. comm. d'Anvers, 30 déc. 1874, rec. d'Anvers, 1875. I. 57 ; Cass. Belgique, 7 fév. 1889, S. 90. IV. 1 et D. 1891. II. 286 ; Cass. Luxembourg, 18 mars 1892 et 4 mars 1895, *Journal des Faillites*, 1894, p. 494.

CHAPITRE II

LES MARCHANDISES SONT EN ROUTE POUR LES MAGASINS DE L'ACHETEUR.

L'article 576 du Code de commerce accorde au vendeur, lorsque les marchandises sont en cours de route, la revendication.

Le mot *revendication* est employé par nos lois dans différents sens. Normalement, on entend par revendication l'action qui appartient au propriétaire pour reprendre sa chose. C'est là le sens habituel de ce terme, et dans l'esprit du jurisconsulte les notions de revendication et de propriété sont intimement liées. Nous voyons pourtant l'article 2102, § 4, du Code civil, donner à cette expression une signification qui n'a plus aucun rapport avec celle qu'on lui a attribuée de tous temps. D'après ce texte, la revendication serait une reprise de la possession afin de permettre au vendeur non payé de recouvrer le droit de rétention, une sorte de *vindicatio pignoris*. Elle ne supposerait ainsi nullement la propriété chez celui qui l'invoque.

La question que nous devons nous poser ici est celle de savoir quel sens la loi de 1838, qui accorde la revendication des marchandises en cours de route, a voulu donner à ce mot. Un premier point, qui ne fait de doute pour personne, c'est que la revendication du vendeur ne peut se fonder sur sa qualité de propriétaire. puisque, en effet, il a perdu cette qualité dès le jour du contrat, s'il s'agit d'un corps certain et, au plus tard, au jour de la livraison s'il s'agit d'une chose de genre. Faut-il alors entendre cette action dans le sens que lui donne l'article 2102, y voir une reprise du droit de rétention? Ce ne serait pas encore exact selon nous.

L'article 576 nous met en présence d'une troisième signification du mot *revendication*. Ce terme est ici synonyme du droit de résolution de l'article 1184. Vendeur revendiquant, cela veut dire vendeur agissant en résolution. Ce qui nous prouve bien que telle est l'interprétation qu'il faut donner à l'article 576, c'est que ce texte impose au vendeur certaines restitutions. Ces restitutions ne se comprendraient pas s'il s'agissait simplement pour le vendeur de reprendre la chose en vue d'exercer le droit de rétention. L'obligation d'une restitution à opérer éveille de suite dans l'esprit l'idée de résolution. Delamarre et Lepoitvin sont pourtant d'un avis différent (1). Le contrat subsiste, disent ces auteurs, car il appartient au syndic (article 578) d'en exiger l'exécution. Cette objection n'est pas de nature à nous arrêter. La faculté qu'a le syndic d'exiger l'exécution ne prouve qu'une seule chose, c'est que le contrat n'est pas résolu, mais non pas qu'il ne peut être résolu. L'article 578 est tout simplement une conséquence de ce principe que l'acheteur peut toujours, en payant, empê-

1. Tome VI, p. 233.

cher la résolution. Nous conformant à l'opinion généralement admise (1), nous verrons dans la revendication une action en résolution (2). C'est toujours dans ce sens que nous entendrons ce mot dans le cours des développements qui vont suivre.

Le vendeur peut, lorsque les marchandises sont en cours de route, revendiquer. Ce n'est pas sans de vives discussions qu'on a conservé au vendeur, en cas de faillite, le droit qui lui est reconnu par les articles 1184 et 1654 du Code civil de faire tomber le contrat. La lecture des travaux préparatoires de la loi de 1838 nous révèle que le gouvernement était opposé au maintien de la revendication. C'était, disait-il, favoriser le vendeur que de lui permettre de ressaisir les marchandises en cours de route. En outre, ajoutait-on, la vente est parfaite par le seul consentement, et la propriété ne peut, en passant sur la tête de l'acheteur, continuer à résider sur celle du vendeur. Le vendeur n'étant plus propriétaire dès le jour du contrat, il est impossible de lui permettre de revendiquer. Ces arguments, que faisait valoir le gouvernement à l'appui de son opinion, ne réussirent pas à convaincre la Chambre des députés et la Chambre des pairs, qui toutes deux repoussèrent le projet qui leur était soumis. Tripier, chargé du rapport par la seconde commission de la Chambre des pairs, disait très bien : « Sans doute, la loi d'égalité doit régir ceux qui sont

1. Bravard et Demangeat, V, p. 534 et suiv. ; Boistel, *Précis de droit commercial*, p. 771 ; Lyon-Caen et Renault, T. II, p. 852.

2. C'est d'ailleurs également en ce sens que les travaux préparatoires de la loi de 1838 entendent la revendication. Voir Renouard, II, p. 348.

dans une position identique. Mais, lorsqu'il existe des différences essentielles dans les conventions, le sort des contractants doit être différent. Chaque contrat a sa nature particulière et doit produire les effets qui lui sont propres ; une règle uniforme qui méconnaîtrait ces caractères distinctifs serait le renversement des conventions ». Ajoutons que vouloir supprimer la revendication, sous prétexte que le vendeur n'est plus propriétaire, c'était oublier que cette expression est prise par le Code de commerce dans un sens exceptionnel et n'est pas en notre matière la garantie du droit de propriété (1).

La revendication, malgré les vives attaques dont elle fut l'objet, a fini par subsister dans nos lois. Mais il est resté pourtant quelque chose des objections multiples qu'on a faites contre elle. Les partisans de son abolition ont réussi à ne la faire admettre que dans certaines limites. Le vendeur ne peut plus revendiquer lorsque les marchandises sont arrivées dans les magasins de l'acheteur. Rien de plus juste que de considérer en ce cas le contrat comme définitif. Nous l'avons déjà dit, les marchandises contribuent alors à augmenter le crédit de l'acquéreur, et ce serait tromper les tiers que de permettre au vendeur de les écarter par une action en résolution. Supprimer la revendication s'imposait dans cette hypothèse. La loi de 1838, en consacrant cette solution, n'a fait que reproduire l'ancienne législation de 1807, qui ne permettait pas non plus au vendeur d'inquiéter le failli, une fois les marchandises parvenues à destination.

1. Nous renvoyons, pour plus de détails, au tome II du *Traité* de Renouard, sur les faillites et banqueroutes, p. 340 et suiv.

Nous examinerons successivement :

I. Les conditions auxquelles est subordonné l'exercice de la revendication des marchandises en cours de route.

II. A qui appartient la revendication ?

III. Les effets de la revendication.

Section I. — Des conditions d'exercice de la revendication des marchandises en cours de route.

La revendication ne sera plus recevable dans les trois cas suivants :

1° Extinction de la créance du prix ;

2° Revente sans fraude sur factures et connaissements ou lettres de voiture signés de l'expéditeur ;

3° Manque d'identité entre les marchandises revendiquées et les marchandises vendues.

§ 1. — *Extinction de la créance du prix.*

Il va de soi que le paiement du prix doit éteindre la revendication. Cette action n'étant, en effet, qu'un moyen donné au vendeur pour reprendre sa chose, s'il n'obtient pas l'acquittement de ce qui lui est dû, elle n'a plus de raison d'être, une fois le créancier désintéressé. Que la résolution soit subordonnée au paiement du prix, c'est tellement évident que l'on n'aurait même pas besoin de le dire. Aussi, ce n'est pas dans le principe que réside la difficulté, mais dans ses nombreuses applications. Il est facile de dire : l'action sera éteinte quand le prix aura été payé ; mais il y a bien des cas où il n'est pas aisé d'affirmer si, oui ou non, il n'y a plus créance du prix.

Ainsi l'acheteur a souscrit des billets à son vendeur ; nous avons vu qu'il était très délicat, principalement dans l'hypothèse où le vendeur avait donné quittance, de savoir si cette souscription de billets au profit du vendeur emportait novation, si par suite le prix devait être considéré comme payé. Aussi ne reviendrons-nous plus sur cette question, que nous avons traitée en détail dans notre deuxième partie à propos du privilège. Nous pensons que le règlement en billets constitue un simple mode de paiement et, en principe, n'emporte pas novation.

Mais voici une autre hypothèse. Un compte courant existait entre l'acheteur et le vendeur. La créance du prix y est portée. Ce fait emporte-t-il novation, par suite extinction de la revendication ? Le compte courant a pour effet de faire perdre à toute créance qui y entre son individualité propre ; cette créance ne devient plus qu'un des articles du compte ; elle est novée dès son inscription. Nous admettrons donc que la revendication n'est plus possible lorsque le vendeur a été crédité du prix (1).

Bien d'autres hypothèses se sont présentées devant les cours et les tribunaux, où il n'était guère facile de décider si le prix pouvait être considéré comme payé, si, par suite, on devait refuser au vendeur la revendication. Il serait trop long de passer en revue toutes ces hypothè-

1. La jurisprudence se prononce plutôt en notre sens. Laurent, dans ses *principes de droit civil*, T. XVIII, n° 282, nous donne un exposé complet de cette jurisprudence.

ses (1). C'est toujours le même principe directeur qui domine. « Considérer l'intention des parties et voir si la volonté de nover résulte clairement des termes de l'acte ; au cas où la volonté de nover ne fera aucun doute, le juge devra proscrire d'une façon absolue la revendication ; sinon, il devra la conserver au vendeur. »

§ 2. — *Revente sans fraude sur factures ou connaissements et lettres de voiture signés de l'expéditeur.*

La loi aurait pu à la rigueur ne pas parler de la fraude. Il va de soi que, si l'acheteur et le sous-acquéreur se sont entendus pour faire disparaître le droit de revendication, ce droit doit néanmoins subsister.

D'après le droit commun contenu ici dans l'art. 2279, le seul fait de la revente suivie de tradition aurait dû être suffisant pour empêcher le vendeur d'agir désormais en résolution. On aurait dit, dans notre hypothèse, si l'on avait appliqué les principes généraux : « Le sous-acquéreur est constitué possesseur de bonne foi des marchandises par l'endossement du connaissement ou de la lettre de voiture si ces titres sont à ordre, par leur remise s'ils sont au porteur. La possession régulière de ces titres mettra obstacle à la revendication ». Le Code de commerce n'a pas voulu qu'il en fût ainsi. Il s'est montré plus

1. Nous renvoyons à cet égard au répertoire de législation de Dalloz qui contient toute la jurisprudence sur la matière, *Faillite*, n. 1243 et *Obligations*, n°s 2416 et suiv.

exigeant ; il renchérit en quelque sorte sur le droit commun. L'article 577 décide que le sous-acquéreur ne pourra écarter l'action en revendication du vendeur que si à la possession régulière du connaissement ou de la lettre de voiture viennent s'ajouter les conditions suivantes : signature de ces deux pièces par l'expéditeur et présentation de la facture, également signée par cet expéditeur, au nouvel acquéreur.

Quels motifs ont décidé le législateur à se montrer si sévère ? On pouvait craindre que, voyant s'avancer à grands pas la faillite, le commerçant aux abois, pour se procurer de l'argent, n'achetât à crédit pour revendre immédiatement au comptant. Il lui était très facile de se procurer les titres dont la transmission régulière suffisait, d'après le droit commun, pour annihiler le droit du vendeur. Il n'avait pour cela qu'à se faire remettre par le capitaine un exemplaire du connaissement ou, par le commissionnaire de transport, une copie de la lettre de voiture. Le nouvel acheteur, régulièrement nanti, devenait inattaquable, et il ne restait plus au vendeur primitif, qui le plus souvent n'avait rien su de la revente, que la ressource de se faire payer de son prix en monnaie de faillite. Le législateur de 1838 a compris qu'il fallait venir au secours de ce créancier dont les droits étaient trop facilement compromis. Il a pensé avec raison qu'exiger la formalité de la signature du vendeur sur le connaissement ou la lettre de voiture, c'était attirer l'attention de ce dernier sur le danger que pouvait lui faire courir une revente. Si le vendeur signe et que plus tard on lui oppose une aliénation consentie par l'acheteur, il n'aura qu'à s'en prendre à sa propre imprudence. N'a-t-il pas, en réalité, par la signature qu'il a apposée sur les titres, fourni lui-même la preuve des droits de l'acheteur ? Bien plus, ne peut-on pas le considérer comme ayant, par le fait qu'il a signé, renoncé tacitement à son droit de résolution ?

L'exigence de la facture peut, quoiqu'en pensent certains auteurs, se justifier parfaitement. Il est d'usage que le vendeur ne signe la facture qu'une fois payé. Eh bien ! n'est-ce pas un moyen radical d'éveiller son attention que de l'obliger à une formalité qui n'est pas usitée ? Ne pourra-t-on pas dire à coup sûr du vendeur qui a signé préalablement au paiement, qu'il a renoncé à revendiquer ?

Etant donnés les motifs qui ont servi de guide au législateur dans la rédaction de l'article 576, à savoir le désir de protéger le vendeur contre les dangers que peut lui faire courir une revente, nous pensons que la double formalité de la signature des titres, d'une part, et de leur remise régulière à l'acheteur, d'autre part, doit toujours être exigée. Nous en tirerons les conséquences suivantes :

1° La vente a été faite sur connaissement seul. Les parties n'ont pas obéi aux prescriptions impératives de l'article 576. La revendication sera recevable. Le contraire a pourtant été jugé par un arrêt de la Cour de Paris (1). Mais cet arrêt est resté isolé, et la jurisprudence est unanime à décider la question dans notre sens (2).

1. Paris, 1er déc. 1860, S. 61. II. 117.

2. Voir Répertoire de législation de Dalloz au mot Faillite, n° 1261.

2° Si, à l'inverse, la vente a été faite sur facture seule, la revendication subsistera encore (1).

3° De même, si les pièces non signées étaient envoyées à l'acheteur et accompagnées d'une lettre signée par le vendeur, le droit de revendication subsisterait. C'est sur les pièces elles-mêmes que doit être apposée la signature. Il serait d'ailleurs imprudent d'avancer que le vendeur, en signant une lettre, a entendu renoncer à ses droits. Les motifs comme la lettre du texte s'opposent à ce qu'on supprime, en cette hypothèse, la revendication (2).

4° Enfin, nous pensons que c'est inutilement que l'acheteur invoquerait une transmission régulière des titres. Si le connaissement ou la lettre de voiture n'a pas été signé par l'expéditeur, et si la facture ne lui a pas été présentée, l'acheteur ne pourra pas repousser la revendication (3). Admettre cette opinion, c'est sans doute déroger à l'article 2279, mais, nous l'avons déjà remarqué plus haut, la loi a justement voulu s'écarter ici du droit commun dans l'intérêt du vendeur.

M. Boistel, pour concilier l'article 576 avec l'article 2279, émet cette idée que l'acheteur ne peut être réellement considéré comme possesseur de bonne foi que lorsque les formalités exigées par l'article 576 ont été remplies. Leur accomplissement prouve surabondamment au sous-acquéreur, dit cet auteur, que les droits de son ven-

1. Voir également au mot Faillite, n° 1261.

2. En ce sens, Lyon-Caen et Renault, *Précis de droit commercial*, II, n° 3020; Boistel, précis n° 1008; Amiens, 14 juill. 1848, S. 48. II 686; Caen, 14 août 1860, S. 61. II. 115; *Contrà*, Alauzet, VI *bis*, nos 2840 et 2841; Rouen, 14 janv. 1848, S. 48. II. 460.

3. En sens contraire, Lyon-Caen et Renault, *Précis de droit commercial*, II, n° 3021.

deur sont exempts de vices (1). C'est peut être aller trop loin, et, à notre avis, rien n'empêche de supposer que le sous-acquéreur puisse être de bonne foi lorsque les titres ont fait l'objet d'un endossement régulier en sa faveur ou d'une remise s'ils sont au porteur. L'acquéreur, à qui l'on remet ces titres, peut être en droit de supposer que le vendeur a été payé, ce qui suffit pour le constituer de bonne foi (2).

Si les formalités exigées par l'article 576 n'ont pas été remplies, le seul fait de la transmission régulière ne suffit pas, nous le disions à l'instant même, pour mettre obstacle à la revendication. Supposons maintenant l'hypothèse inverse. Les parties se sont conformées aux prescriptions de la loi, il y a eu présentation des pièces signées de l'expéditeur; mais aucune transmission régulière n'a été opérée. Le sous-acquéreur pourra-t-il néanmoins

1. Boistel, *Précis de droit commercial*, n° 1008.

2. M. Boistel ne voit dans l'article 576 qu'une application de la maxime *en fait de meubles possession vaut titre*. Il en conclut, très logiquement, qu'un créancier à qui l'acheteur aurait donné un gage en lui remettant la lettre de voiture ou le connaissement, ne serait garanti contre la revendication qu'autant qu'on lui aurait remis ou au moins présenté également la facture et que les deux titres seraient signés de l'expéditeur.

L'article 576, suivant nous, en exigeant l'accomplissement de formalités particulières pour que la revendication soit écartée, ajoute à l'article 2279, il s'écarte du droit commun dans l'intérêt du vendeur. En dehors de l'hypothèse que prévoit ce texte, nous nous bornerons à décider, appliquant les principes généraux, que la transmission régulière des titres suffira pour éteindre les droits du vendeur. Le créancier gagiste, nanti régulièrement du connaissement ou de la lettre de voiture, ne pourra être inquiété. En ce sens, Lyon-Caen et Renault, *Précis de droit commercial* (T. II, n° 3023); Douai, 12 déc. 1874, D. 76. 1. 113.

repousser l'action du vendeur? Nous ne le croyons pas. Admettre l'affirmative, serait se mettre en opposition manifeste avec l'article 2279. D'après ce texte, le sous-acquéreur, pour résister victorieusement aux prétentions du vendeur, doit au moins être possesseur de bonne foi. L'est-il dans notre cas? Certainement non, puisque les titres ne lui ont pas été régulièrement transmis. L'article 577, en exigeant des formalités spéciales dans l'intérêt du vendeur, n'a nullement voulu écarter l'application de la maxime : *En fait de meubles possession vaut titre*. Pour protéger plus efficacement le vendeur, il s'est montré plus difficile que l'article 2279 sur les conditions que doit réunir le sous-acquéreur pour être à même d'écarter la revendication. Ce tiers, s'il veut être sûr de ne pas être inquiété, devra non seulement se conformer aux formalités de l'article 576, mais encore posséder selon l'article 2279. C'est seulement alors que sa situation deviendra inattaquable. La transmission régulière des titres devra, dans tous les cas, être exigée pour faire obstacle à la revendication (1).

Tous les auteurs sont d'accord pour décider qu'à la lettre de voiture il convient d'assimiler le récépissé délivré par les compagnies de chemin de fer. On en donne la raison suivante : les récépissés contiennent les énonciations essentielles que doivent renfermer un connaissement ou une lettre de voiture (2).

1. Voir sur tous ces points, Lyon-Caen et Renault, *Précis de droit commercial*, T. II, nos 3020 et suiv. ; Boistel, précis n° 1008 ; Thaller, *Droit commercial*, n° 1731.

2. En ce sens, Douai, 12 déc. 1874, S. 75. II. 25. M. Boistel, note sous un arrêt de la Cour de cassation, 9 déc. 1873, D. 74. I. 409. Voir aussi Lyon-Caen et Renault, *Précis de droit commercial* (T. II, n° 3022).

Le Code de commerce de 1807 se montrait moins exigeant; il ne parlait pas de la signature sur le connaissement ou la lettre de voiture et la facture. La loi de 1838 a voulu protéger davantage le vendeur ; il était certainement louable de venir au secours d'un créancier que l'ancienne législation sacrifiait peut-être inconsidérément. Est-ce à dire pourtant que l'article 577 ne soulève pas quelques critiques ? On peut objecter à ce texte qu'il rend impossible les reventes partielles. L'acheteur est obligé, pour mettre le tiers acquéreur à l'abri, de remettre entre ses mains le connaissement ou la lettre de voiture. Comme ces titres ne peuvent être fractionnés, il ne trouvera plus à revendre le restant des marchandises si le premier contrat n'a pas porté sur le tout. On aurait évité cet inconvénient en décidant que la simple présentation des titres suffira pour mettre obstacle à la revendication ; mais nous ne croyons pas, nous l'avons dit plus haut, qu'il soit possible d'interpréter la loi dans ce sens là.

§ 3. — *De l'identité.*

L'ancien article 580 mentionnait formellement la condition d'identité. Il se montrait même d'une exigence minutieuse sur la question de savoir si, oui ou non, cette condition était remplie. L'ouverture des balles, barriques et enveloppes suffisait, sous le Code de 1807, pour détruire l'identité et rendre, par suite, impossible la revendication. La loi nouvelle garde le silence. Est-ce à dire que, désormais, la revendication sera permise sur des marchandises différentes de celles qui ont fait l'objet du contrat ? Cette conclusion serait erronée ; tout le monde est d'accord pour l'admettre (1).

Sous l'empire de l'ancienne législation, le vendeur était à la merci de l'acheteur de mauvaise foi, qui n'avait qu'à faire ouvrir les colis contenant les marchandises en cours de route, pour éteindre toute action de la part de son créancier. Le législateur de 1838 n'a plus voulu qu'il en soit ainsi ; il a trouvé avec raison qu'il était trop rigoureux de laisser ainsi le vendeur à la discrétion de son co-contractant, qu'il était excessif, contraire même à la logique, d'établir que le simple déballage de la chose entraînera la perte de la revendication. Par son silence sur la question d'identité, il a eu simplement l'intention d'abroger toutes les prescriptions rigoureuses contenues dans l'ancien article 580. Dorénavant, sans doute faudra-t-il toujours que la marchandise revendiquée soit celle qui a été vendue ; la résolution ne se concevrait pas sans cela ; mais l'ouverture des caisses, c'est en cela que réside l'innovation, ne pourra plus, à elle seule, détruire la revendication. C'est aux juges qu'il appartiendra, nonobstant tout déballage des marchandises, de décider, dans chaque cas particulier, s'il y a identité, et ils devront permettre au vendeur d'agir, toutes les fois que la marchandise réclamée par lui sera bien la même que celle qui a fait l'objet du contrat. C'est là, pour chaque hypothèse déterminée, une question d'appréciation, et on ne peut

1. Lyon-Caen et Renault, *Précis de droit commercial* (T. II, n° 3016) ; Boistel, *Précis*, n° 1009 ; Renouard, II, p. 354 ; Bédarride, II, n° 1149.

que donner des exemples empruntés à la pratique, exemples auxquels nous renvoyons (1).

Section II. — A qui appartient la revendication ?

La revendication appartient au vendeur. C'est l'évidence même. Cette action lui est donnée par la loi ; il est clair qu'il doit avoir la faculté de l'exercer.

De plus, la revendication n'ayant nullement le caractère d'un droit personnel, il faut en conclure qu'elle peut être intentée par les héritiers, par les cessionnaires, par les créanciers, en vertu de l'article 1166.

Jusqu'ici, rien que de très simple. Mais voici une hypothèse beaucoup plus délicate. Nous supposerons un commissionnaire chargé d'acheter ; ce commissionnaire a payé le prix au vendeur et expédié les marchandises à son commettant. Pourra-t-il, si le commettant tombe en faillite, se dire subrogé aux droits du vendeur qu'il a désintéressé et exercer la revendication en son lieu et place ? Une distinction s'impose.

Le commissionnaire a agi au nom de l'acheteur. — En ce cas, tout doit se passer comme si le contrat avait eu lieu directement entre le vendeur et l'acheteur. Aucune obligation de payer le prix n'existait à la charge du commissionnaire, qui, par suite, ne pourra dire que, en acquittant la dette de son commettant, il a payé ce dont il était

2. Voir Dalloz, *Répertoire de législation*, Faillite, n°s 1273 et suiv.

tenu. Ce commissionnaire ne pourra invoquer l'article 1251-3° du Code civil ; la subrogation conventionnelle seule pourra lui permettre d'exercer la revendication.

Le commissionnaire a agi en son nom personnel. — L'application des principes nous conduit aux deux propositions suivantes : 1° Dans les rapports du commissionnaire et de son commettant, tout se passe comme si l'acheteur avait traité directement avec le vendeur ; 2° dans les rapports des tiers avec le commissionnaire, puisque nous supposons que ce dernier a agi en son nom propre, lui seul joue le rôle d'acheteur, de sorte que le vendeur n'a qu'un seul débiteur du prix, le commissionnaire. Certains auteurs, de l'application de ces règles, en concluent que le commissionnaire, qui a payé le prix et n'est pas rentré dans ses fonds, ne pourra revendiquer. Il n'a pas cette action en qualité de vendeur, puisque, vis-à-vis du commettant, il n'est pas vendeur. Il n'a pas non plus cette action comme subrogé aux droits du vendeur, puisque, à l'égard des tiers, il joue le rôle d'acheteur, est l'unique débiteur du prix. Le véritable acheteur, celui qui, en définitive, doit payer, n'existe pas pour les tiers ; le vendeur n'a donc pas de droits sur lui ; une prétendue subrogation à ces droits devient dès lors impossible.

En ce qui concerne les rapports du commissionnaire avec son commettant, il est bien vrai que le commissionnaire ne joue pas le rôle de vendeur. Il faut admettre, en conséquence, cela ne fait d'ailleurs de doute pour personne, que le commissionnaire ne pourra jamais revendiquer de son chef. Mais si le commissionnaire ne peut invoquer de son chef la revendication, la subrogation est-elle aussi impossible qu'on le prétend dans une certaine doctrine ? Ce n'est pas notre avis. En définitive, c'est toujours l'acheteur qui doit payer, on peut bien dire de lui qu'il est débiteur du prix de vente ; et si le commissionnaire a acquitté la dette, nous rentrons dans le troisième cas de subrogation légale prévu par le Code civil. La subrogation dans les droits du vendeur existera au profit du commissionnaire qui a payé ce à quoi il était tenu pour un autre (1).

Section III. — Des effets de la revendication.

Lorsqu'on parle de revendication, nous savons qu'il faut toujours lire résolution. Aussi, l'on comprend très bien que l'article 576 astreigne le revendiquant à restituer à la masse les acomptes du prix qu'il a touchés. Cet effet de la revendication n'est qu'une application du principe général qu'au cas de résolution le contrat qui en est l'objet est censé n'avoir jamais existé, et que tout doit être remis dans l'état dans lequel se trouvaient les parties avant la convention.

Ce rappel aux principes qui dominent la matière de la résolution n'a pas été inutile. Il a permis aux auteurs et à la jurisprudence d'établir d'une façon certaine que le Code de commerce n'avait pas pris le mot de revendi-

1. En notre sens, Lyon-Caen et Renault, *Précis de droit commercial* (T. II, n° 3026 ; Bédarride, *Du contrat de commission*, n° 225 ; *Contrà*, Boistel, *Précis*, n° 535 ; Alauzet, T. II, n° 824.

cation dans son sens ordinaire, mais avait voulu par là désigner le droit de résolution.

Ajoutons d'ailleurs qu'il ne pouvait être question de permettre au vendeur de garder, à titre de dommages et intérêts, la partie du prix qu'il avait reçue. C'eût été lui conférer un privilège pour le paiement des dommages et intérêts qui doivent constituer une créance chirographaire.

Mais l'article 576 ne se borne pas à déclarer que le vendeur sera tenu de restituer les acomptes par lui reçus, il dit encore que ce vendeur devra, en outre, rembourser à la masse toutes avances faites pour frêt ou voiture, commission, assurances, etc., etc.

Tous ces frais que la loi met à la charge du vendeur devraient équitablement être supportés par l'acheteur. Ce serait là l'application du droit commun, de l'article 1593. Ajoutons que, spécialement dans le cas qui nous occupe, il est tout à fait naturel que le débiteur supporte les conséquences d'une résolution dont il est la cause.

Certains auteurs ont voulu tirer argument de l'article 576 pour refuser au revendiquant tout droit à des dommages et intérêts. Et, en effet, disent-ils, si ce texte met à la charge du vendeur des frais qu'il ne doit pas supporter, *a fortiori* ce vendeur ne peut-il pas réclamer une indemnité à raison du préjudice que lui cause la résolution du contrat.

Ce raisonnement, à première vue, paraît inattaquable. Et cependant, si l'on considère le principe d'égalité qui ne doit jamais être oublié en matière de faillite, nous croyons qu'il est parfaitement possible de concilier l'obligation pour le vendeur de rembourser à la masse toutes les avances dont parle l'article 576, avec le droit à des dommages et intérêts. Le vendeur, quand il réclame au syndic réparation à raison du préjudice que lui cause la résolution du contrat, ne peut se prévaloir du privilège dont il jouit en qualité de vendeur. Pour l'action en dommages et intérêts, c'est un simple créancier chirographaire. Eh bien ! ce serait justement conférer à ce vendeur un véritable privilège pour le paiement des dommages et intérêts que lui permettre de ne pas verser à la masse les diverses sommes dont parle l'article 576. La stricte égalité veut que le vendeur rembourse à la masse les frais qu'elle a faits, sauf au vendeur, comme le disent très bien MM. Lyon-Caen et Renault, à produire à la faillite pour des dommages et intérêts comprenant ces frais.

Notre solution concilie tout; elle permet au vendeur d'obtenir la réparation d'un préjudice qu'il subit en somme par la faute de l'acheteur. Elle a, en outre, l'avantage de ne pas déroger au droit commun. Comme le veut l'article 1593, ce sera l'acheteur et non pas le vendeur qui, en définitive, supportera les frais, à moins naturellement que le dividende de la faillite ne soit trop minime pour désintéresser le vendeur (1).

Il existe pourtant une hypothèse où l'on conçoit très

1. En notre sens, Lyon-Caen et Renault, T. VIII, n° 862. Appleton, *Annales de droit commercial*, 1886-1887. MM. Lyon-Caen et Renault, dans leur *Précis de droit commercial* (T. II, n° 3026), concluaient au refus de dommages et intérêts. Ces auteurs sont revenus sur leur première opinion et dans l'ouvrage plus complet qu'ils font paraître en ce moment, reconnaissent au profit du vendeur le droit à une indemnité.

bien que le vendeur soit astreint à rembourser à la masse toutes les avances faites par elle, sans que pourtant on puisse lui permettre de rentrer dans les sommes qu'il a versées, sous forme de dommages et intérêts. Il faut supposer pour cela que le vendeur a trouvé au lieu d'arrivée un nouvel acheteur. En ce cas, grâce au déplacement qu'elle a subi, la marchandise a augmenté de valeur; elle s'est vendue plus cher. Les frais de transport ont profité au vendeur; il est juste qu'il supporte ces frais, sans cela il s'enrichirait injustement aux dépens de la faillite, et, s'il est équitable que le vendeur ne subisse aucun préjudice à la suite de la résolution, il ne faut pas non plus que la faillite devienne pour lui un moyen de réaliser des bénéfices.

Le vendeur peut revendiquer, mais il est certain qu'il ne peut imposer à la masse la résolution, alors même qu'il y trouverait son intérêt, la marchandise ayant, par exemple, augmenté de valeur depuis le contrat.

L'article 578 reconnaît formellement au syndic la faculté d'exiger la livraison des marchandises en payant au vendeur le prix convenu entre lui et le failli. Rien de plus juste ! La seule chose sur laquelle le vendeur, quand il a contracté, était en droit de compter, c'était sur le paiement du prix. L'acheteur qui désintéresse totalement son créancier a satisfait à son obligation ; il a accompli ce qu'il avait promis de faire au jour du contrat. Le vendeur n'a qu'à s'incliner devant la volonté du syndic de maintenir la convention. Il a librement consenti à la vente, à lui d'en subir les éventualités !

Ce même article 578 nous indique comme nécessaire

l'autorisation du juge commissaire, lorsque le syndic veut user de la faculté qui lui est laissée d'écarter la résolution en payant le prix. Cette disposition de la loi n'a pas besoin de plus amples commentaires. Elle s'explique d'elle-même lorsqu'on comprend le grand intérêt que peut avoir la masse au maintien ou à l'anéantissement du contrat. L'intervention du juge commissaire sera une garantie de plus que le choix a été opéré en connaissance de cause.

Que la résolution ne puisse pas être imposée à la masse, c'est l'application du droit commun. Il aurait fallu, pour se conformer d'une façon absolue aux principes généraux, décider que l'intervention de la justice sera obligatoire dans tous les cas. Il n'en est pas ainsi en matière de faillite, d'après l'article 579. Il résulte, en effet, de ce texte que la demande en revendication sera adressée au syndic. C'est seulement en cas de contestation que cette demande sera portée devant le tribunal saisi des opérations de la faillite, lequel ne se prononcera qu'après avoir entendu le juge-commissaire (1).

1. Lyon-Caen et Renault, *Précis de droit commercial* (T. II, n°s 2992 et 3025).

CHAPITRE III

LES MARCHANDISES, LORS DE LA DÉCLARATION DE FAILLITE, SONT EXPÉDIÉES ET LIVRÉES DANS LES MAGASINS DE L'ACHETEUR.

Dans cette hypothèse, c'est l'article 550 *in fine* qui s'applique. D'après ce texte, le vendeur perd son privilège et le droit de revendication de l'article 2102 du Code civil. Mais ici, par revendication, il ne faut plus entendre résolution. La loi a pris la peine de s'expliquer formellement puisqu'elle renvoie à l'article 2102, lequel ne concerne que la reprise du droit de rétention (1).

1. Pour les auteurs qui voient dans la revendication de l'article 2102 une action en résolution exercée à l'égard des créanciers de l'acheteur, le mot revendication dans les articles 550 et 576 serait pris dans le même sens et viserait toujours l'action en résolution. Nous avons vu précédemment ce qu'il y avait d'erroné dans cette théorie. Il faut voir dans la revendication de l'article 2102 une reprise de la possssion..

L'article 550 ne mentionne pas l'action en résolution. Que décider ? Doit-on la maintenir au profit du vendeur ou bien, au contraire, la supprimer ? C'est à ce dernier parti qu'il faut s'arrêter, cela n'est pas douteux. L'article 550 nous fournit un argument *a fortiori*. Ce texte supprime la revendication, certainement plus inoffensive pour les créanciers que la résolution. Il supprime également le privilège, qui est, lui aussi, entre les mains du vendeur, une arme moins dangereuse que le droit de résolution. Ce dernier assure le titulaire contre toute concurrence, tandis que le privilège peut être primé par d'autres garanties qui lui sont préférables. Le but de l'article 550, en restreignant les droits du vendeur, c'est la protection des intérêts de la masse. Dès lors n'est-on pas en droit d'étendre, à plus forte raison, à la résolution ce que la loi décide pour le privilège et la revendication ? L'on peut encore, en faveur de la suppression de la résolution, invoquer l'article 576, duquel il résulte *par argument a contrario* que ce droit est perdu lorsque la tradition des marchandises a été effectuée dans les magasins de l'acheteur.

En résumé, dans l'hypothèse que nous considérons actuellement (marchandises livrées dans les magasins de l'acheteur lors de la déclaration de faillite), le vendeur est dans une situation très désavantageuse. Il perd toutes les garanties que lui reconnaît le droit commun. Il ne peut ni revendiquer, ni exercer son privilège sur le prix, ni enfin invoquer son droit de résolution. Quant au droit de rétention, il ne saurait en être question, puisque le vendeur s'est dessaisi.

La livraison dans les magasins de l'acheteur portant une atteinte si considérable aux droits du vendeur non payé, il est important de savoir quand il y a livraison et ce qu'il faut entendre par là. Cela fera l'objet d'une première section. Nous examinerons ensuite, dans une section deuxième, quelle est l'étendue d'application de l'article 550.

Section première. — De la livraison dans les magasins de l'acheteur.

Remarquons que, pour qu'il y ait obstacle à la revendication, il ne suffit pas que la marchandise soit en la possession de l'acheteur, il faut encore qu'elle soit rendue dans ses magasins. Cela se comprend, si nous nous reportons aux motifs de la loi. C'est seulement quand la chose vendue est dans les magasins du failli qu'il est absolument certain que les tiers peuvent la remarquer, qu'elle est de nature à augmenter le crédit de l'acquéreur.

Que faut-il entendre exactement par livraison dans les magasins de l'acheteur? On devra considérer qu'il en est ainsi toutes les fois que les marchandises seront placées dans un local où elles sont devenues pour l'acheteur un élément de crédit. On voit, par cette définition, qu'il n'est pas nécessaire, pour faire obstacle à la revendication, que la chose vendue se trouve dans les magasins au sens exact du mot ; il suffit qu'elle ait, aux yeux des tiers, augmenté le patrimoine de l'acquéreur, que ces tiers aient pu, à bon droit, considérer ce dernier comme le propriétaire des marchandises. Cette façon d'interpréter la loi est basée sur les motifs mêmes du texte. Le législateur, lorsqu'il a restreint les droits du vendeur, n'a pas voulu que ceux qui ont traité avec l'acheteur puissent être plus tard inquiétés lorsqu'ils ont eu tout lieu de croire que le bien vendu faisait définitivement partie du patrimoine de leur débiteur.

C'est une question de fait à résoudre dans chaque cas particulier que celle de savoir si les marchandises sont parvenues, au sens légal de ces expressions, dans les magasins de l'acheteur. La pratique nous fournit sur cette matière de nombreux exemples.

Ainsi, les marchandises se trouvent dans la gare de départ ou d'arrivée ; la revendication doit toujours être permise. Et en effet, ceux qui traiteront avec l'acquéreur n'ont pu soupçonner l'existence de ces marchandises et par suite les considérer comme leur gage. Du reste, ici, les termes comme l'esprit de la loi s'accordent pour repousser la revendication. On ne peut considérer une gare comme un magasin de l'acheteur (1).

1. Aix, 4 mai 1869, S. 70. II. 71 ; Limoges, 24 mars 1870, S. 70. II. 202 ; Cass., 18 février 1874, S. 74. I. 369 ; Cass., 13 juillet 1892, D. 93. II. 422 et les notes sous l'arrêt ; Paris, 8 avril 1897, *Journal Le Droit*, 3 sept. 1897.

De même, il a été jugé (1) que la revendication sera permise lorsque des bois flottants par radeaux se trouvent dans un port de rivière. Dans l'espèce, les bois n'avaient pas été déchargés, mais même, s'il en était ainsi, il faudrait encore admettre la revendication. Le simple transport de la marchandise sur le quai ne peut être assimilé à une entrée dans les magasins de l'acheteur. Pourtant une restriction s'impose. Le fait pour l'acquéreur d'avoir payé les droits de port indiquerait suffisamment qu'il est devenu propriétaire, et on comprend alors qu'un arrêt de la Cour de Paris (2) ait refusé au vendeur le droit de reprendre sa marchandise.

Si des bois ont été transportés non plus sur radeaux, mais par bateau appartenant à l'acheteur, on aurait tort de conclure de ce fait que le bateau est la propriété de l'acquéreur, que les marchandises, une fois embarquées, ne pourront plus être revendiquées. Pour que le vendeur soit déchu de ses droits, il est nécessaire que le bateau soit employé par l'acheteur à l'exploitation de son commerce. Les marchandises qui y sont placées deviennent alors un élément de crédit, et c'est seulement en ce cas, suivant les termes de la loi, qu'il faut les déclarer non susceptibles de revendication.

Des bois ont été coupés, il est de jurisprudence constante (3) que le parterre de la coupe, quoique apparte-

1. Dijon, 21 juillet 1890, D. 92. II. 1. Note de M. Boistel.

2. Civ. rej., 21 avril 1884, D. 84. I. 241.

3. Bordeaux, 28 fév. 1870, D. 71. II. 54; Orléans, 25 août 1880, D. 82. II. 47; Amiens, 24 déc. 1882, *Journal des Faillites*, 1882, p. 418.

nant au vendeur, doit être considéré comme magasin de l'acheteur. Les bois sont en effet souvent revendus sur place par l'acheteur, et, par suite, dès qu'ils ont été coupés, alors même qu'ils n'ont pas été transportés, ils ont contribué à augmenter son crédit (1). Mais tous les auteurs sont d'accord pour admettre que les parties peuvent parfaitement convenir que le parterre de la coupe ne sera pas considéré comme le magasin de l'acheteur. Rien ne s'oppose à la validité d'une pareille convention, même à l'égard des tiers, pourvu que, toutefois, elle ait été rendue publique (2).

Les marchandises ont été déposées dans un magasin général ou dans un entrepôt au nom et pour le compte de l'acheteur, ou bien, autre hypothèse, le vendeur a remis personnellement à l'acheteur des objets portatifs. Dans ces deux cas, le crédit de l'acquéreur s'est trouvé augmenté ; il y a eu tradition dans les magasins au sens légal sinon au sens réel du mot ; il faut admettre la revendication.

Nous n'avons fait ici que citer les exemples qui se sont présentés le plus souvent devant les tribunaux ; mais on conçoit facilement d'autres hypothèses que celles que nous avons énumérées dans cette section. Pour chaque

1. Bordeaux, 28 fév. 1870, D. 71. II. 54 ; Orléans, 25 août 1880, D. 82. II. 47 ; Amiens, 24 déc. 1882, *Journal des faillites*, 1882, p. 418.

2. Lyon-Caen et Renault, *Précis de droit commercial*, T. II, n° 3017, note 5 et Boistel, *Précis*, 1007, note 4.

3. 21 avril 1884, S. 86. I. 105.

fait qui se rencontrera dans la pratique, ce sera au magistrat à induire des circonstances de la cause si l'on peut considérer qu'il y a livraison dans les magasins du failli. Il devra pour cela examiner dans quelle mesure la marchandise a été pour l'acheteur une source de crédit.

Aux magasins du failli, la loi assimile les magasins du commissionnaire chargé par l'acheteur de vendre les marchandises. Il y a, en effet, les mêmes raisons, dans un cas comme dans l'autre, pour supprimer les garanties du vendeur.

Section II. — De l'étendue d'application de l'article 550.

L'article 550 a trois caractères :

1° C'est un texte d'ordre public. Par suite, il n'est pas permis d'y déroger.

2° C'est un texte qui édicte une déchéance. Il ne faut donc pas l'étendre en dehors des cas qu'il prévoit expressément.

3° L'article 550 est enfin un texte conçu dans les termes les plus généraux.

§ 1. — *L'article 550 est un texte d'ordre public.*

L'article 550 est d'ordre public. Il résulte, en effet, des motifs mêmes qui ont inspiré le législateur que la prohibition qu'il contient est basée sur des considérations d'intérêt général. Toute convention par laquelle les parties tenteraient de déroger à ce texte doit être frappée de nullité (1).

Il faut d'ailleurs admettre que, s'il n'est pas possible, par une clause adjointe au contrat, d'écarter ouvertement l'application de l'article 550, il n'est pas permis non plus de tourner indirectement la loi. Deux moyens pourraient être employés à cet effet.

On décide que le vendeur conservera la propriété jusqu'à complet paiement du prix. Le vendeur non payé aurait ainsi, malgré toute livraison dans les magasins de l'acheteur, la faculté de revendiquer, en vertu de son droit de propriété, la chose qui a fait l'objet du contrat, de la reprendre entre les mains de son débiteur. Sans doute, une clause ainsi conçue n'a pas pour conséquence de restituer au vendeur la plénitude de ses garanties, comme le ferait une convention annulant purement et simplement l'article 550 *in fine*. Le vendeur, dans notre hypothèse, ne pourra pas exercer son privilège sur la chose pour obtenir le prix ; mais la revendication qu'il intente, ce n'est plus cette revendication atténuée de l'article 2102 ; l'action qui appartient au créancier est bien plus énergique qu'une simple reprise du droit de rétention, puisqu'elle a sa base dans la propriété. On peut dire qu'elle équivaut à la résolution du contrat et à une résolution *ipso jure*. La clause par laquelle le vendeur s'est réservé la propriété jusqu'à complet paiement du prix réintègre, on le voit, le vendeur dans une

1. Rennes, 25 août 1847, D. 49. II. 111 et Cass., 4 août 1852, S. 52. I. 705.

partie des droits que lui enlève très justement l'article 550. Elle déroge donc à ce texte, et, à ce titre, il faut l'écarter (1).

Les parties peuvent encore cacher le contrat de vente sous les apparences d'un louage. Elles conviennent que ce qui sera payé par l'acheteur aura nom : « loyers » et s'acquittera par prestations périodiques. Grâce à cet état de choses, le vendeur, en cas d'arrêt dans les paiements, peut reprendre, usant du droit qui lui appartient comme bailleur, la jouissance de sa chose. Jusqu'ici, rien ne peut révéler que les parties ont vraiment voulu faire une vente. La convention obéit, en tous points, aux règles du louage. Mais les contractants ne manquent pas d'ajouter, sans cela leur but ne serait pas atteint, que le locataire restera propriétaire après règlement de toutes les redevances. Cette dernière clause indique clairement que l'on se trouve en présence d'une vente, et d'une vente dans laquelle le vendeur, au mépris des prohibitions de l'article 550, peut reprendre sa chose, dans tous les cas, entre les mains de l'acquéreur. Aussi, la jurisprudence annule-t-elle avec raison cette convention (2).

1. La jurisprudence et les auteurs sont d'accord pour protester contre la validité d'une pareille convention. V. Cour d'Alger, 21 mars 1896. Cour de Douai, 30 juillet 1896, *Journal des faillites*, 1897, p. 177; Cass., 17 juillet 1895, *Journal des faillites*, 1896, p. 97, D. 96. I. 57. Note de M. Thaller et Bourges, 26 déc. 1887, S. 88. II. 78. Pour la doctrine, voir Thaller, *Droit commercial*, n° 1723; Lyon-Caen et Renault, t. VIII.

2. Cass., 17 juillet 1895, D. 95. I. 57. Note de M. Thaller. Voir cependant en sens contraire un arrêt de la Cour de Caen du 29 novembre 1894, D. 95. II. 211.

§ 2. — *L'article 550 édicte une déchéance.*

Que l'article 550 édicte une déchéance, c'est bien évident, puisqu'il réduit le vendeur à la simple situation d'un créancier chirographaire. Les déchéances étant de droit étroit, il ne faut pas étendre notre texte en dehors des cas qu'il prévoit. Or l'article 550 touche seulement au privilège et à la revendication établis par l'article 2102 au profit du vendeur non payé. Si nous sommes en présence d'une garantie concédée au créancier par un autre texte que celui auquel renvoie l'article 550, le droit commun reprendra son empire, le vendeur conservera, malgré la faillite, l'intégralité de ses droits.

C'est ainsi que le vendeur de navire peut toujours, quelle que soit la situation de l'acquéreur, exercer son privilège. Il tient, en effet, ses garanties de l'article 191-8° et non de l'article 2102. Telle est la solution à laquelle nous conduit l'examen des textes, mais, il est bon de le remarquer, cette solution ne peut guère se justifier au point de vue législatif. Comme le disent MM. Lyon-Caen et Renault (1), le vendeur de navire, en cas de faillite de l'acheteur, n'est pas plus digne de faveur que le vendeur de tout autre bien mobilier.

De même, le privilège du fournisseur de subsistances pour fournitures faites au débiteur et à sa famille, ayant sa base dans l'article 2101-5°, ne sera pas compris non plus dans le champ d'application de l'article 550.

1. Lyon-Caen et Renault, *Précis de droit commercial*, t. II, n° 2469, note 1.

Ce que nous décidons pour le vendeur de navire et le fournisseur de subsistances, il ne faut pas l'appliquer au vendeur d'un bâtiment de rivière. Le privilège de ce créancier a sa base dans l'article 2102 du Code civil, et, par suite, il sera atteint par la faillite.

§ 3. — *L'article 550 est un texte conçu dans les termes les plus généraux.*

La loi pose en principe que le privilège et la revendication cessent d'appartenir au vendeur en cas de faillite. Cette règle, elle l'établit d'une façon si absolue qu'il n'est pas permis au jurisconsulte de faire aucune distinction. L'article 550 recevra son application, que le vendeur soit commerçant ou non. Pareillement, il faudra déclarer le créancier déchu de ses droits, alors même que les marchandises vendues n'étaient pas destinées au commerce du failli. Dans ce cas pourtant, il y aurait eu de justes raisons pour revenir au droit commun (1).

L'article 550, vu la généralité de ses termes, est un texte redoutable pour le vendeur. Il le prive, dès le jugement déclaratif de faillite, de toutes ses garanties, et ceci quelle que soit la qualité de ce vendeur, quel que soit l'objet du contrat. Aussi ne faut-il pas étendre inconsi-

1. Il fut question, en 1891, d'établir une exception au profit du vendeur d'un office ministériel. Le cédant de la charge aurait pu, nonobstant la faillite du cessionnaire, exercer son privilège. Mais la proposition de loi, soumise en ce sens au Sénat par M Thézard, n'a pas abouti.

dérément le champ d'application de la loi ; il est bon de concilier ses dispositions avec les règles fondamentales du droit.

Ainsi, l'action en résolution a été exercée avant le jugement déclaratif de la faillite, mais elle n'a pas abouti au moment où ce jugement est rendu ; faut-il la considérer comme éteinte dès que la faillite a été prononcée ? Assurément non. Admettre la solution contraire serait se mettre en opposition manifeste avec les termes de l'article 550. D'après ce texte, c'est seulement contre la faillite que la résolution ne peut pas être exercée. Or, ici, celui qui demande la résolution du contrat n'agit pas contre la faillite, puisque celle-ci, au moment où il intente son action, n'est pas encore déclarée. Nous ne sommes plus dans la situation prévue par l'article 550 ; le vendeur conservera la faculté de reprendre sa chose. Mais, pourrait-on nous objecter, si l'instance a été engagée avant l'état de faillite, elle aboutit pourtant après le jugement déclaratif et, en définitive, rejaillit contre la masse; cela doit-être un motif suffisant pour écarter la résolution. Cette objection est sans fondement, lorsqu'on songe à ce principe de droit que le juge, pour apprécier le mérite d'une demande, doit se reporter au moment où cette demande a été introduite (1). Ici, au moment de l'introduction de la demande, la faillite n'avait pas encore été déclarée. C'est donc à bon droit qu'a agi le créancier, et, alors même que la solution du procès ne devrait intervenir que postérieurement à la déclaration de faillite, le

1. Cass., 24 déc. 1889, D. 90. I. 161.

principe de la rétroactivité des jugements veut qu'on n'en tienne aucun compte. Ajoutons que d'ailleurs les créanciers du failli seraient mal venus à se plaindre. L'exercice de l'action en résolution leur a montré que le prix était impayé, que, par suite, ils ne devaient pas ajouter à leur gage le bien vendu (1).

Le vendeur a introduit sa demande, toujours avant le jugement déclaratif, mais après la cessation des paiements. Si l'on accepte la théorie de la jurisprudence d'après laquelle la faillite existerait par le seul fait de la cessation des paiements, il faudra, dans notre hypothèse, refuser au vendeur le droit d'agir en résolution. Le système de la faillite de fait, préconisé par les tribunaux, est généralement repoussé par la doctrine. Il nous semble que c'est avec raison. Il paraît, en effet, résulter de l'ensemble des textes du Code de commerce que les conséquences de la faillite sont attachées au jugement déclaratif et non à la cessation des paiements (Voir notamment article 443 Code de commerce, al. 1). Le vendeur, tant que ce jugement n'est pas rendu, conserve l'intégralité de ses droits, et notamment la faculté d'obtenir la résolution du contrat, alors même qu'il aurait intenté son action postérieurement à la cessation des paiements (2).

L'article 550 proscrit, au cas de faillite, le privilège

1. En notre sens, Lyon-Caen et Renault, t. VIII, n° 835 ; Cass., 24 déc. 1889, déjà cité à la page précédente, cassant un arrêt en sens contraire de la Cour de Paris. Voir la note de M. Boistel dans cet arrêt. Voir aussi *Journal des faillites*, 1888, p. 12 et 1890, p. 145.

2. Lyon-Caen et Renault, t. VII, n° 187 ; Boistel, *Précis*, n° 898.

du vendeur. La somme que ce créancier devait prendre va donc rester disponible. Il peut se présenter des difficultés lorsque, dans la faillite, figure un locateur. S'il est de bonne foi, rien de plus simple. Il primait le vendeur; le jugement déclaratif ne change rien à cette situation; le bailleur continuera à passer en première ligne, et le vendeur, qui vient après lui, sera rejeté dans la classe des créanciers chirographaires.

Mais le locateur peut être de mauvaise foi; il a su que les meubles garnissant la maison ou la ferme n'étaient pas payés ; c'est alors que la question devient plus délicate. Le vendeur avait un privilège préférable à celui du bailleur; il passait avant lui sur les sommes provenant de la saisie des meubles loués; maintenant que le privilège du vendeur n'existe plus, est proscrit par la faillite, que va-t-on faire de la somme qui devait être attribuée à ce créancier? Faudra-t-il la verser à la masse, ou bien la colloquer au bailleur, qui, ne rencontrant plus aucun obstacle devant lui, doit arriver maintenant en première ligne? Aucune de ces deux solutions ne nous paraît satisfaisante. Verser à la masse la somme qui, sans la faillite, aurait dû revenir au vendeur, c'est ne tenir aucun compte du privilège du bailleur, que maintient pourtant l'article 550. Attribuer cette somme par préférence au bailleur, c'est oublier que c'est seulement à l'égard de la masse et non pas à l'égard du bailleur que le vendeur perd l'intégralité de ses droits. Nous croyons préférable d'adopter un troisième système, proposé par MM. Lyon-Caen et Renault, qui consiste à permettre au vendeur de prendre le montant de ce qui lui est dû sur la somme que touchera, en vertu de son privilège, le bailleur. Ce dernier conserve ainsi, conformément à l'article 550, ses garanties, et le privilège du vendeur, sans nuire à la masse, lui reste opposable (1).

1. Voir en notre sens, Lyon-Caen et Renault, t. VIII, n° 839. En sens contraire, Baudry-Lacantinerie et de Loynes, *Privilèges et hypothèques*, t. I, n°s 505 et suiv. Ces auteurs décident que la distribution des deniers aura lieu sans tenir compte du privilège du vendeur. La jurisprudence statue également dans ce sens. Dijon, 8 janvier 1894, D. 95. II. 17. Note de M. de Loynes ; voir aussi S. 1895. I. 209, note de M. Lyon-Caen.

APPENDICE

APERÇU DE LÉGISLATION ÉTRANGÈRE

Notre législateur, lorsqu'il a voulu réglementer la situation du vendeur au cas de faillite de l'acheteur, avait, nous l'avons dit au début de notre troisième partie, le choix entre deux solutions. Il pouvait ou bien supprimer complètement les garanties du vendeur non payé, ou, au contraire, mettant sur la même ligne la faillite et la déconfiture du débiteur, conserver dans les deux cas au vendeur la même situation. Les rédacteurs du Code se sont arrêtés à une solution intermédiaire. Le créancier ne s'est pas encore dessaisi, il ne perd aucun des droits que lui reconnaît le Code civil. Il s'est dessaisi, mais les marchandises sont encore en cours de route ; sous le nom de revendication, la résolution est maintenue au profit du vendeur. Enfin, ce même vendeur, dans le cas où les marchandises sont arrivées dans les magasins de l'acheteur, est rejeté dans la classe des créanciers chirographaires.

Tels sont, brièvement rappelés, les principes admis par notre Code de commerce. Dans quelle mesure ces principes se retrouvent-ils dans les différentes législations qui se sont occupées de la question? c'est ce qu'il est intéressant de rechercher.

On peut diviser, suivant la solution qu'elles ont adoptée, les législations en deux groupes.

Font partie du premier groupe toutes celles qui, s'inspirant des mêmes idées que notre Code de commerce, refusent au vendeur la revendication quand les marchandises sont devenues pour l'acheteur un élément de crédit, c'est-à-dire sont entrées dans ses magasins. Le deuxième groupe réunira les pays qui, obéissant à d'autres principes conservent au vendeur qui a livré la totalité de ses droits, ou du moins ne les suppriment pas d'une façon absolue comme le fait la loi française.

Premier groupe.

Législations à système conforme au nôtre.

La loi belge et le Code italien ne présentent rien de bien original, car elles reproduisent, à peu de choses près, les règles du Code français. A signaler pourtant, dans ces deux pays, une exception notable au principe que le vendeur est dépouillé de toute garantie quand la chose est entrée dans les magasins de l'acheteur. S'il s'agit d'une vente de machines et appareils employés dans les établissements industriels, pourvu toutefois que le contrat ait été transcrit sur un registre spécial (1) dans le délai de quinze jours en Belgique, de trois mois en Italie, le ven-

1. La transcription doit s'opérer au greffe du tribunal du domicile ou, à défaut, du tribunal de la résidence du défendeur.

deur non payé conservera son privilège pendant deux ans en Belgique (art. 546 du Code), trois en Italie (art. 773, 2° du Code). M. Thaller nous donne, dans son *traité des Faillites* en droit comparé (1), la raison de cette exception « Les meubles, dit cet auteur, composant l'outillage industriel n'ont pas le caractère des autres ; ils forment un capital fixe, ne se déplacent pas et, par la stabilité de leur assiette, se rapprochent bien plutôt des immeubles. On a pu organiser pour eux un système de publicité voisin du système hypothécaire, sans léser les tiers qui, connaissant le lieu d'attache de ces machines, n'ont qu'à se reporter au registre de leur état civil ». On ne peut ainsi qu'approuver cette disposition des lois belge et italienne, et il est permis de regretter qu'elle ne figure pas dans notre code.

En Suisse, la réglementation de la faillite est très récente ; elle est contenue dans une loi intitulée : « Loi fédérale sur les poursuites pour dettes et la faillite », qui a été mise en vigueur le 1er janvier 1892. Nous y retrouvons les mêmes règles que dans notre Code de commerce. Il est à remarquer cependant que la revendication en cours de route est perdue par le seul fait de l'endossement régulier au profit du sous-acquéreur. La présentation de la facture signée par le vendeur n'est plus nécessaire pour mettre obstacle à la revendication.

L'Angleterre reconnaît également que, au cas où les marchandises sont en la possession de l'acheteur avant la déclaration de faillite, le vendeur n'a plus aucun droit sur elles et ne peut se présenter que comme créancier

1. Tome II, p. 92.

chirographaire pour le paiement du prix. Lorsque ces mêmes marchandises sont en cours de route, la loi anglaise permet au vendeur, sous le nom de *stoppage in transitu*, de les arrêter en cours de route. En quoi consiste exactement ce droit de *stoppage in transitu* ? Faut-il y voir une reprise de la possession permettant au créancier de recouvrer son droit de rétention et son privilège, une revendication dans le sens de l'article 2102 du Code civil ? Faut-il y voir davantage, et considérer cette action, que la loi anglaise reconnaît au vendeur, comme une résolution du contrat analogue à notre revendication de l'article 576? La jurisprudence anglaise est plutôt défavorable à l'idée de résolution. Ce qui rend la question difficile à résoudre, c'est qu'on ne peut s'appuyer sur aucun texte pour la trancher. Le *stoppage in transitu* est, en effet, une création de la coutume et n'est pas mentionné dans la loi anglaise sur la faillite.

L'Allemagne est, à notre avis, celle des législations du premier groupe qui s'éloigne le plus de la nôtre. Lorsque le vendeur ne s'est pas dessaisi, il conserve, comme en France, l'ensemble de ses garanties ; il peut exercer le droit de rétention, le privilège, le droit de résolution. Le vendeur s'est-il dessaisi? En ce qui concerne le privilège, la législation allemande et notre Code de commerce français marchent de pair. Cette garantie est enlevée au créancier. Mais là où l'étude comparée des lois des deux pays nous révèle entre elles de profondes différences, c'est lorsqu'il s'agit du droit de résolution.

1. Consulter à ce sujet, M. Lyon-Caen, *Loi anglaise sur la faillite*, traduite et annotée, p. XLIII.

Une distinction se dégage de la lecture des articles 21 et 35 de la loi allemande de 1877. La propriété de la chose vendue est-elle, au jour de la faillite, sur la tête du failli ? Le vendeur qui a livré ne peut plus en réclamer la restitution ; il a seulement droit à des dommages et intérêts, à raison du préjudice que peut lui causer l'inexécution du contrat (§ 21). Mais, au cas où la chose vendue n'a pas cessé d'appartenir au vendeur, on applique (§ 35) les principes de la propriété. La revendication sera toujours permise, alors même que les marchandises seraient parvenues dans les magasins de l'acheteur. Nous savons que chez nous la revendication, dans ce dernier cas, n'est jamais admise, et que l'on devrait d'ailleurs considérer comme nulle la clause par laquelle le vendeur se serait réservé la propriété.

Notre législation, à ce point de vue, est mieux comprise que celle de nos voisins. Il est toujours fâcheux de permettre au créancier de reprendre à la masse ce qu'il a déjà livré.

La législation allemande présente encore quelques particularités qu'il est intéressant de noter. La résolution, quoiqu'en principe facultative pour le vendeur, devient obligatoire pour lui dans le cas où la convention portait sur des denrées cotées aux mercuriales. En ce cas, le vendeur n'a droit qu'à une indemnité représentée par la différence entre le prix d'achat et le cours du lieu d'exécution, le second jour ouvrable après la faillite. C'est là, en effet, le préjudice éprouvé lorsqu'il se trouve un nouvel acheteur au lieu d'arrivée. Si, dans cette hypothèse, on écarte toute idée d'exécution du contrat, c'est qu'il est bien plus avantageux pour la masse de règler le marché par simples différences. L'exécution obligerait le syndic à payer le prix, et il serait peut-être embarrassé pour trouver la somme nécessaire au paiement.

Le droit allemand contient encore une disposition fort équitable, qu'on peut regretter de ne pas voir inscrite dans nos lois. En cas de revente, lorsque le prix est encore dû par le sous-acheteur, une subrogation s'opère. Le vendeur voit son droit de préférence reporté sur le prix.

Citons enfin l'article 36, d'après lequel la revendication est impossible quand il y a eu revente en cours de route sur connaissement ou lettre de voiture. Il n'est pas nécessaire, en outre, comme le veut l'article 576 de notre Code civil, que la revente ait été faite sur facture.

En **Hongrie**, la matière de la faillite est réglementée par la loi du 27 mars 1881. Cette loi mérite d'être signalée, car elle contient une disposition très hardie. Il résulte, en effet, de l'article 18, *in fine*, que, au cas où le contractant du failli a exécuté son obligation au moment de la faillite, il ne peut ni demander l'exécution du contrat, ni répéter ce qu'il a fourni Il ne lui reste donc que la faculté de demander des dommages et intérêts, à raison du préjudice que lui cause l'inexécution. En un mot, la faillite annule la convention, sauf dommages et intérêts. Transportant cette règle dans notre matière, nous arrivons à cette conclusion que le vendeur qui a livré ne peut, comme en droit français, produire à la faillite comme créancier chirographaire, mais a seulement la faculté d'obtenir des dommages et intérêts.

A part cette différence importante que nous venons de signaler entre la loi hongroise et la nôtre, ce sont les mêmes règles qui s'appliquent dans les deux pays. C'est ainsi que l'article 44 consacre le principe de la revendication en cours de route. De même, le créancier qui ne s'est pas dessaisi conserve le droit d'invoquer la résolution du contrat qui, comme dans notre Code de commerce, n'a pas lieu de plein droit par le seul fait de la faillite.

Deuxième groupe.

Législations qui, au cas de livraison, maintiennent en totalité ou en partie les droits du vendeur.

Si une législation a sa place toute marquée en tête de ce deuxième groupe, c'est bien celle de l'Autriche. Aucune règle spéciale pour le cas de faillite, application complète, dans cette hypothèse, des principes du droit civil, tel est ce qui résulte de l'article 22 de la loi autrichienne du 25 décembre 1868 sur les faillites. L'Autriche représente le type le plus parfait d'une législation commerciale éminemment favorable au vendeur. Ce créancier, alors même qu'il a livré, n'est en aucune façon déchu de ses droits.

A côté de l'Autriche peuvent se ranger d'autres pays, qui, sans aller aussi loin, conservent pourtant, dans une large mesure, au vendeur qui s'est dessaisi ses droits dans la faillite de l'acheteur et, à ce titre, doivent figurer également dans notre deuxième groupe.

En Espagne, une distinction est faite entre les ventes à crédit et les ventes au comptant. Pour les premières, mêmes règles que dans notre droit français. Mais, s'il s'agit d'une vente au comptant, l'article 909 8° du Code de commerce espagnol décide que la revendication sera permise, nonobstant livraison, à condition toutefois que les marchandises n'aient pas été déballées et que leur identité soit certaine (1).

En Hollande, l'article 232 du Code de commerce autorise le vendeur, sans distinguer cette fois si la vente est au comptant ou à crédit, à reprendre la chose dans les trente jours qui suivent la prise de possession par l'acheteur.

De l'ensemble de ces explications, il est facile de constater que les législations que nous avons réunies dans ce deuxième groupe sont en minorité. Les dispositions de la loi autrichienne sont restées isolées, et les principes admis par les codes espagnol et hollandais n'ont eu que peu de succès. C'est qu'en effet ces législations ont fait fausse route en permettant la reprise de la chose vendue lorsqu'elle est déjà parvenue en la possession de l'acquéreur. Cet acquéreur, une fois nanti, doit devenir inattaquable, non pas seulement dans son intérêt à lui, mais dans celui de ses créanciers, qui, voyant le bien vendu dans son patrimoine, ont dû compter sur lui et l'englober dans leur gage. Cette idée de protection de la masse a été très bien mise

1. Cette différence de régime établi par le Code de commerce entre les ventes à crédit et les ventes au comptant s'explique par des considérations historiques. Voir à ce sujet, Thaller, *Des faillites en droit comparé*, t. II, p. 98.

en relief par notre législateur français, et on ne peut qu'approuver, sauf quelques légères impefections de détail que nous avons signalées au passage, l'économie des articles de notre Code de commerce.

Nous avons, par ce rapide exposé des législations étrangères sur notre sujet, terminé notre troisième partie et, avec elle, l'étude que nous nous étions proposé de faire des garanties du vendeur d'effets mobiliers non payé. Nous ne croyons pas avoir traité toutes les questions sur la matière. Intentionnellement, nous avons laissé certains points de côté, dont l'examen nous aurait fait sortir des limites que nous nous sommes tracées. Nous n'avons pas non plus la prétention d'avoir émis des idées nouvelles. Notre but a été, avant tout, d'être clair et précis et nous serions heureux d'y avoir réussi !

Vu par le doyen,
GLASSON.

Vu par le président,
LYON-CAEN

VU ET PERMIS D'IMPRIMER :
Le vice-recteur de l'Académie de Paris,
GRÉARD.

TABLE DES MATIÈRES

TROISIÈME PARTIE

Restrictions apportées aux droits du vendeur d'effets mobiliers au cas de faillite ou de liquidation judiciaire de l'acheteur.

Laval. — Imprimerie Parisienne, L. BARNÉOUD & Cie.

www.ingramcontent.com/pod-product-compliance
Lightning Source LLC
Chambersburg PA
CBHW070520200326
41519CB00013B/2863
9782014522075